EL LIBRO
DE LOS PROVERBIOS
DE TODO EL MUNDO

A pesar de haber puesto el máximo cuidado en la redacción de esta obra, el autor o el editor no pueden en modo alguno responsabilizarse por las informaciones (fórmulas, recetas, técnicas, etc.) vertidas en el texto. Se aconseja, en el caso de problemas específicos —a menudo únicos— de cada lector en particular, que se consulte con una persona cualificada para obtener las informaciones más completas, más exactas y lo más actualizadas posible. EDITORIAL DE VECCHI, S. A. U.

© De Vecchi Ediciones 2023
© [2023] Confidential Concepts International Ltd., Ireland
Subsidiary company of Confidential Concepts Inc, USA

ISBN: 978-1-63919-557-2

Marzia Carrieri Casali

EL LIBRO
DE LOS PROVERBIOS
DE TODO EL MUNDO

De Vecchi

DVE Ediciones

Prólogo

Presentar un manual de proverbios no es tarea fácil y quizá por ello los prólogos o introducciones a textos de estas características son inusualmente breves.

En efecto, resulta difícil ir más allá y proporcionar una definición exacta de la materia; se podría hablar de «sabiduría popular», pero también de pensamiento del individuo que con el tiempo se convierten en objeto de reflexión de muchos, de máxima lapidaria, o de expresión de conceptos más o menos elaborados y mordaces. El proverbio, entendido como tal, es esto y mucho más.

Antes de explicar lo que es en realidad, es necesario señalar los motivos y criterios que han llevado a publicar este libro, que recopila, por orden alfabético y temático, una selección de proverbios mundiales, de refranes y de frases célebres (cuyo autor se indica) que al perder esa especie de «patria potestad» que en un principio los caracterizaba se han convertido en un patrimonio común.

Buen ejemplo de ello es la celebérrima expresión de Andreotti (quien la atribuye a su vez a otros) «El poder corroe a quien no lo tiene».

Se diría que los proverbios se están poniendo nuevamente de moda, y lo mismo cabe decir de las citas que una determinada corriente cultural (contraria a la erudición pura y académica, aun fruto de una elección personal) había marginado. Quizás el proverbio vuelve a ponerse de moda por su fácil comprensión y su efecto inmediato sobre un auditorio cansado ya de tantos diccionarios y términos «especializados» (jergas políticas, *yuppies* u otras formas de expresión tecnicoprofesionales que se han convertido en auténticos lenguajes.

También el mundo político parece interesado en redescubrir todo su valor expresivo y cautivador: en efecto, los refranes, precisamente porque provienen del pueblo, llegan a la gente directamente y mucho más rápido que cualquier otro discurso por muy elocuente que éste sea.

Por todos estos motivos el proverbio es un maná para todos aquellos que aun sin ser políticos tienen que llegar a la gente común utilizando sus propios mensajes: nos referimos principalmente a artistas y publicistas. Así, por ejemplo, la expresión «O così o Pomì»,* eslogan publicitario de una lata de conservas de tomate, forma parte hoy en día del vocabulario coloquial de las generaciones italianas más jóvenes, e indica una situación en la que no existen alternativas posibles para una acción o comportamiento específicos. Es como decir: «No hay más remedio».

De esta forma se vuelve al punto de partida: los proverbios, tanto antiguos como modernos, se están poniendo de moda. Las antiguas recopilaciones, publicadas hace años e incluso decenios, constituyen hoy en día auténticas rarezas y se multiplican las nuevas ediciones entre las que ésta, modestamente, pretende situarse.

Asimismo se multiplican las investigaciones semiológicas sobre los proverbios dialectales, tal y como lo demuestra la reciente publicación de numerosos manuales sobre esta especialidad. Quizá se podría decir que a través de la búsqueda del viejo dicho y el antiguo refrán, de forma rimada y rasgos dialectales, se indaga en las propias raíces culturales; es un intento de bloquear el manido proceso de masificación y uniformización.

En definitiva, se ha querido recopilar esta serie de proverbios que, hay que insistir, proceden de todo el mundo, por una especie de afecto al género, que nos atrevemos a calificar de «literario», y también para demostrar que la sabiduría popular vive una eternidad propia, inmutable en el tiempo, como la esencia de la naturaleza humana.

---

* Expresión intraducible, eslogan publicitario de la marca italiana de conservas Pomì. (N. de la T.)

Introducción

Técnicamente, el refrán se define como «dicho de gran difusión y antigua tradición, que expresa de forma concisa e irónica un pensamiento o, más a menudo, una norma deducida de la experiencia». En efecto, la esencia del proverbio o de la frase famosa convertida en refrán es la de expresar telegráficamente un concepto. Un concepto más o menos discutible, desde el momento en que, tal y como demuestran en varias ocasiones los ejemplos de esta recopilación, existen refranes que aun haciendo referencia a lo mismo, se contradicen mutuamente.

A menudo, se califican como proverbios máximas breves que no lo son, pero que reciben e e un poema breve, habitual durante los primeros siglos de las literaturas neolatinas, que plasmaba argumentos de la vida cotidiana en tono irónico y burlesco. Hoy en día por *dicho* se entiende en cambio, *grosso modo*, un modo telegráfico de expresarse, una máxima que contiene una norma de conducta, una enseñanza práctica o una pequeña gota de filosofía.

El aforismo es en cambio una sentencia o mejor dicho una definición que resume el resultado de observaciones precedentes. El autor más notable de aforismos fue Hipócrates y con ese término se denominaba en el medioevo el estudio y la práctica del arte médico. Aún hoy en día es muy conocida la colección medieval de aforismos en hexámetros leoninos de la escuela médica salernitana.

Por último existe la frase famosa, a menudo de autor conocido, que con el tiempo, por su brevedad y sagacidad, se ha convertido en un proverbio.

En este libro se han recopilado proverbios y sentencias relativos a las materias más diversas y procedentes prácticamente de todo el mundo.

El tono del proverbio es siempre popular, incluso cuando se usa en literatura «elevada». El mismo tono, el estilo simple y los contenidos procedentes de la vida cotidiana y de la tradición remontan el uso del refrán al mundo cultural de los pueblos «primitivos».

Según los expertos, la forma de los proverbios es análoga a la de las fórmulas mágicas y rituales y demuestra un origen religioso. En las llamadas civilizaciones superiores el refrán conserva indicios de su origen pero comienza a ser usado para expresar conceptos menos prácticos, mayoritariamente filosóficos, y para divulgar preceptos éticos y morales. Tienen este origen las máximas de la literatura oriental, entre las que a menudo aparecen verdaderos proverbios, de los que el más famoso es el Libro de los Proverbios de la Biblia.

El proverbio gozó de una notable importancia entre los árabes y en la antigua Grecia (donde también está presente en las formas literarias más arcaicas); en este país el refrán aparece en cualquier forma literaria, si bien es en la comedia donde abunda especialmente.

En el medioevo se registra una tendencia a vincular los proverbios y las sentencias con la tradición antigua, clásica o bíblica, y seguidamente, con el nacimiento de la literatura vulgar, también los proverbios netamente populares encuentran su lugar en la cultura y literatura oficiales.

Algunos refranes tienen hoy en día una difusión casi universal, tanto en sus contenidos sencillos como en su forma, y en esta recopilación es posible encontrar más de un ejemplo. Algunos se explican por la universalidad de experiencias en diversas latitudes, y otros encuentran su razón de ser en la transmisión de pueblo a pueblo y en el hecho de que probablemente ningún elemento de la cultura tradicional se exporta y se transmite tan fácilmente como el proverbio.

El éxito de esta interesante forma literaria y expresiva no parece disminuir, es más, parece que nuevos refranes, cada vez más irónicos y agudos, se añaden a los antiguos haciendo el género más mordaz y actual.

Abismo

Biblia   El abismo lleva al abismo.

Abundancia

Pindaro   La saciedad y los desvelos nacen de la abundancia.

Aburrimiento

proverbio inglés   El aburrimiento es el mejor enfermero.

Claude-Adrien Helvétius   El aburrimiento es toda nuestra superioridad sobre los animales.

proverbio inglés   El aburrimiento lo padecen aquellos que no han vivido nada o han vivido demasiado.

Alain Dufresnes   El aburrimiento es la enfermedad de las personas felices; los desgraciados tienen demasiadas cosas que hacer.

proverbio latino   No es posible defenderse del aburrimiento.

proverbio alemán   El aburrimiento es consecuencia de la pereza.

Giacomo Leopardi   Todas las cosas a la larga aburren, hasta las mayores diversiones.

proverbio italiano   Aburrimiento y nervios son contagiosos.

George Bernard Shaw   La gente se cansa de todo, y en primer lugar de lo que más le gusta.

proverbio francés   La monotonía genera aburrimiento.

Voltaire   El secreto para aburrir a la gente consiste en decirlo todo.

proverbio francés   El aburrimiento es una desgracia.

proverbio francés   Nos aburrimos porque nos divertimos demasiado.

Acción

Henry Bergson   La contemplación es un lujo, la acción una necesidad.

Hugo Foscolo	Una parte de los hombres obra sin pensar, la otra piensa sin obrar.
Arturo Graf	Quien más se agita, menos hace.
Alessandro Manzoni	El obrar sin reglas es el trabajo más fatigoso y difícil de este mundo.
Marco Aurelio	Lleva a cabo toda acción como si fuese la última de tu vida.
Blaise Pascal	Nuestra naturaleza es el movimiento, el descanso completo es la muerte.
proverbio chino	Una pequeña piedra es a veces suficiente para volcar un gran carro.
proverbio chino	La enseñanza sin palabras y el beneficio de no actuar no tienen en el universo absolutamente nada que ver.
proverbio chino	Si no sabes hacer, mira al vecino qué hace.
proverbio chino	Quien camina ligero, verá antes el camino más largo.
proverbio chino	¿Por qué un guía para quien ya ve el templo?
proverbio chino	El movimiento vence al frío, la inmovilidad vence al calor.
proverbio chino	Cuando un árbol es duro debe ser abatido.
proverbio chino	Hace un tiempo solía meditar durante muchos días seguidos, pero vivir un breve espacio de tiempo vale más; hace un tiempo solía ponerme de puntillas para mirar lejos, es mejor ampliar el propio horizonte subiendo a un montículo.
proverbio chino	El siervo no sabe lo que hace su amo porque éste sólo le explica la acción y no el fin.
proverbio alemán	El que actúa lo hace sin consciencia; sólo quien medita es consciente.
proverbio africano	El rico es superado por quien se levanta pronto por la mañana.
proverbio africano	Lentamente, lentamente, maduran hasta las bananas.

El hombre que permanece en pie hace también el trabajo del hombre sentado.

proverbio árabe Nadie come mejor que el que se procura la comida con sus propias manos.

proverbio árabe El hombre más rico es el que sabe qué hacer al día siguiente.

La actividad es la mercancía más conveniente.

proverbio árabe El mundo es de la gente activa.

proverbio italiano A quien se ayuda Dios le ayuda.

proverbio árabe Si Mahoma no va a la montaña, la montaña viene a Mahoma.

proverbio árabe Con fuerza de voluntad, incluso un ratón puede comerse un gato.

proverbio francés Actúa bien y tendrás a tu alrededor envidiosos; hazlo mejor y confundirás a los envidiosos.

proverbio inglés Las acciones revelan las pasiones.

proverbio francés La intención hace la acción.

proverbio francés Trabajo empezado está medio hecho.

proverbio indio La victoria viene de Dios, pero la batalla la debe librar el soldado.

proverbio ruso Cuídate si quieres que Dios te proteja.

proverbio chino El agua que corre nunca se corrompe.

proverbio latino Los dioses ayudan al que trabaja.

proverbio inglés Dios nos da las manos pero no construye los puentes.

proverbio chino El fruto maduro cae por su propio peso, pero no cae en nuestra boca.

proverbio español Ningún hombre vale más que otro si no hace más que otro.

proverbio americano La respuesta más corta es la acción.

proverbio alemán Se habla de buenas acciones sin llevarlas a cabo y se hacen buenas acciones sin hablar de ellas.

proverbio ruso Cuanto más se camina por el bosque, más leña se encuentra.

proverbio escocés	Dale un golpe a todas las plantas y ninguna caerá.
proverbio americano	Las acciones gritan más fuerte que las palabras.
proverbio japonés	La flecha que indica el camino y el sendero que conduce a la cumbre se llama acción.
proverbio español	Limando se consigue de una piedra una aguja.
proverbio turco	Quien empiece el juego que siga con él.
proverbio italiano	Es mejor un feo «hago» que un hermoso «haré».
proverbio italiano	Quien trabaja por sí mismo trabaja por tres.
proverbio italiano	Del dicho al hecho hay un buen trecho.

Adulación

William Shakespeare	Quien se complace de ser adulado es digno del adulador.
proverbio italiano	Quien en presencia te teme, en ausencia te perjudica.
Horacio	Intenta ser tal y como los aduladores te pintan.
Tácito	Los peores enemigos son los aduladores.
proverbio africano	Si no tienes a alguien en la casa de los ídolos, no beberás leche de coco.
proverbio francés	Se cogen más moscas con una cucharada de miel que con veinte barriles de vinagre.
proverbio africano	El adulador corrompe a su patrón rascándole la espalda.
proverbio africano	Quien te toca y se chupa los dedos, si te mueres, te comerá.
proverbio latino	La adulación procura amigos, la verdad genera odio.
proverbio árabe	Cuidado con la adulación.
proverbio persa	Por qué usar veneno si puedes matar con miel.
proverbio toscano	Huye del que te alaba, sufre al que te injuria.
proverbio toscano	Perro que mucho lame, chupa sangre.
dicho francés	El ídolo adulado pronto ennegrece.
proverbio africano	Quien siempre adula se quema las mangas.

proverbio toscano	Quien te alaba en tu presencia te censura en tu ausencia.
proverbio toscano	La lengua unta y el diente pincha.
proverbio italiano	El carro no avanza si no se engrasan las ruedas.
proverbio toscano	A cada santo su vela.
proverbio toscano	Incluso el perro con mover la cola se gana el alimento.
proverbio latino	Garganta de aduladores, sepulcro abierto.
proverbio toscano	Quien te acaricia más de lo que suele, o te ha engañado o engañarte quiere.
proverbio chino	Venga la alabanza que recibes de otra boca y nunca de la tuya.

Adversidad

John Bunyan	Quien está bajo no debe temer caídas.

Agricultura

proverbio chino	Cuando el sol se pone, el buey cae sobre el arado.
proverbio chino	Cuando el buey rehúsa el arado no sirve de nada fustigar.
proverbio chino	Para el campo son necesarias cuatro cosas: un buen buey que trabaje, una buena agua que riegue, una buena semilla que germine y un buen campesino que no se canse nunca.
proverbio chino	Tras la lluvia, la tierra se endurece. [Después de la tormenta sale el sol.]
proverbio italiano	Enero crudo, campesino rico [ya que el frío destruye los insectos dañinos para la agricultura].
proverbio italiano	Quien quiere toda la uva no consigue un buen vino.
proverbio toscano	El cerdo quiere comer sucio y dormir limpio.

proverbio toscano	Donde no llega el agua hace falta una azada (se refiere a los cultivos de las montañas que exigen más trabajo y técnica).
	Junio, la hoz en el puño.
	El agua hace el huerto.
proverbio toscano	La primera aceituna es de oro, la segunda de plata, la tercera no vale nada (se refiere a la calidad de las cosechas).
	Surco ralo llena el granero.
proverbio lombardo	Tierra blanca a menudo cansada, tierra negra buen trigo da.
	Tres cosas requiere el campo: buen trabajador, buena semilla y buen tiempo.
proverbio italiano	Bajo el agua, hambre, y bajo la nieve, pan.
	Año de nieves, año de bienes.
	Abril frío mucho pan y poco vino.
	Árbol que no da fruto se corta.
	Quien trabaja en septiembre hace buen surco y poco rinde.
proverbio toscano	Quien duerme en agosto duerme a su costa.
proverbio italiano	En San Martín todo mosto es vino.
proverbio francés	Agua en mayo, vino en octubre.
proverbio chino	La mala hierba ahoga la buena.
proverbio italiano	Niños y pollos nunca se sacian.
proverbio pullés	Agua en agosto: aceite, tocino y mosto.
proverbio francés	Amanecer rojo llama a la lluvia.
proverbio universal	Quien mal siembra, mal recoge.
proverbio chino	Quien tenga gusanos de seda que no se duerma.
proverbio toscano	Quien no tiene gato mantiene a los ratones, y quien lo tiene mantiene a los ratones y al gato.
proverbio universal	Quien no siembra, no recoge.
proverbio africano	Quien planta dátiles, no se los come [al parecer el dátil tarda cien años en dar fruto].

Alabanza

Arturo Graf	Nada más fácil que hacerse aplaudir por la chusma.
proverbio latino	Quien se alaba a sí mismo no tarda en encontrar quien se ría de él.
proverbio italiano	Quien se alaba no necesita abuela.
proverbio italiano	La alabanza propia apesta.
Thomas Browne	Quien blasfema a los demás, indirectamente se alaba.
La Rochefoucauld	Normalmente se alaba para ser alabado.
proverbio italiano	Demasiadas alabanzas hacen al hombre perezoso.
proverbio italiano	El que se alaba a sí mismo tiene malos vecinos.
proverbio italiano	Alaba el mar y quédate en la tierra.
proverbio latino	Si alabas a alguien, sé breve.
proverbio francés	Alabar es hechizar.
proverbio japonés	La alabanza es el principio del desprecio.
proverbio polaco	La alabanza y la col saben bien, pero hinchan.

Albedrío

proverbio chino	Los dioses todo lo prevén; pero los hombres tienen igualmente libre albedrío.

Alegría

Richard Baxter	Una onza de alegría vale una libra de tristeza.
proverbio toscano	La alegría da resplandor a la piel de la cara.
	Quien se conforma goza y alguna vez padece: pero es un bello padecer el de quien se conforma.
	Quien ríe y canta su mal espanta.
	La alegría todo mal espanta.
	A la gente alegre el cielo la ayuda.
	La risa hace buena sangre.
	Cada vez que uno ríe quita un clavo del ataúd.

Marie Pauline de Puysieu	Las grandes alegrías son indiscretas.
Hubert von Fallersleven	Todas las cosas bellas volverán.
proverbio italiano	Alegría y desgracia no son eternas.
Sófocles	La mayor alegría es la inesperada.
proverbio indio	La alegría intensa es cosa seria.
Wolfgang Goethe	Alegría y amor son las alas de las grandes empresas.
Marco Aurelio	No pierdas los estribos cuando te diviertas.
Montesquieu	Somos tan ciegos que no sabemos cuándo hay que llorar y cuándo hay que reír: tenemos siempre falsas tristezas y falsas alegrías.
proverbio francés	Los placeres más dulces no están exentos de dolor.
proverbio inglés	La alegría es gemela [es decir, hay que compartirla con alguien].
proverbio francés	La alegría da miedo.
proverbio italiano	No hay alegría sin aburrimiento.
proverbio italiano	Demasiada alegría es dolorosa.
proverbio francés	También de alegría se puede morir.
dicho americano	Goza de la alegría que evita que los amigos se avergüencen el uno del otro la mañana siguiente.
proverbio italiano	La alegría es el remedio universal de todo mal.

Alma

Alexandre Dumas, padre	El alma existe o no existe; pero si existe, no puede ser más que eterna.
Wilhelm von Humboldt	Es increíble la fuerza que el alma puede infundir al cuerpo.
Jean-Baptiste Lacordaire	Un alma por sí sola es un gran pueblo.

Ambición

Pietro Aretino	La ambición es el estiércol de la gloria.
Paul Borel	La vanidad y las pasiones son las dueñas del mundo.

Colley Cibber	La ambición es la única potencia que combate al amor.
La Rochefoucauld	La vanidad de los demás nos resulta insufrible porque ofende la nuestra.
Thomas Gray	También los senderos de la gloria conducen a la tumba.
proverbio danés	La ambición y la venganza siempre tienen hambre.
proverbio árabe	Aquel que mira por encima de sí acaba con dolor de cabeza.
Niccoló Tommaseo	El hombre que en aras del ingenio o del valor no pretende más que superar al otro hombre, no posee la idea de lo bello y de lo honesto.
proverbio libanés	El chopo tiene un hermoso empuje pero no llegará nunca al cielo.
proverbio portugués	Todo vino querría ser un oporto.
proverbio inglés	No todas las llaves cuelgan del mismo cinturón.
proverbio latino	O César o nada (es como decir que si no se puede ser caudillo absoluto no merece la pena asumir otros cargos de menor gloria).
Plutarco	Debemos complacernos más de aquellos que nos reprenden que de los que nos adulan: los primeros nos despiertan mediante el sentimiento del dolor, los segundos intentan gustarnos, nos enervan, nos abaten. Todo va para mejor en el mejor de los mundos posibles.
proverbio americano	La ambición es la última enfermedad de un espíritu noble.
proverbio turco	La ambición es una enfermedad que no tiene más remedio que un puñado de tierra.
proverbio americano	Queriendo llegar a la luna se corre el riesgo de caer en un hoyo.
proverbio africano	Quien sube al baobab recoge más frutos, pero el que se queda en tierra sabe cuando volverá a casa.

Ambigüedad

proverbio español   Cara de cura y garras de gato.

Amistad

proverbio chino   Considera enemigo a aquel que al agraviarte lo hace sólo con intención.

proverbio chino   Intenta reunir en tu casa numerosos amigos antes que manadas de bueyes.

proverbio chino   La piedra regalada por un amigo es una manzana. [A caballo regalado no le mires el diente.]

proverbio chino   Viajar con un amigo hace amar la vida (en buena compañía el camino es breve).

Biblia   Un amigo fiel es un firme amigo, y quien lo encuentra halla un tesoro.

Biblia   Quien encuentra un amigo, encuentra un tesoro.

proverbio francés   Un amigo es como una letra de la que no recordamos el importe y no conocemos la caducidad.

Biblia   Ama a tu amigo como a ti mismo.

Cicerón   El amigo verdadero se reconoce en el peligro.

Cicerón   Los semejantes se unen a gusto con sus semejantes.

Ernest Detouche   La vida es dolor, pero el amor y la amistad son dos potentes anestésicos.

Abad Galiani   La peor moneda con la que se puede pagar a los amigos es los consejos; la única moneda válida es la ayuda.

John Gay   La amistad, como el amor, no es más que una palabra.

proverbio francés   No pongas a tu mejor amigo en la disyuntiva de tener que elegir entre ti y una cruz de caballero.

Arturo Graf   Si pretendes y te esfuerzas en gustar a todos, no gustarás a nadie.

Princesa Olga María Karadja	Se entierran más a menudo las amistades que los amigos.
La Rochefoucauld	Se perdonan fácilmente a los amigos aquellos defectos que no nos atañen.
La Rochefoucauld	Por raro que sea un verdadero amor, es mucho más raro una auténtica amistad.
Pedro López de Ayala	La amistad es una cosa y los negocios otra.
Melville de Sommery	La amistad no puede sobrevivir sin la estima; y ésta es una de las muchas ventajas que tiene sobre el amor.
proverbio italiano	Poca cuadrilla, vida tranquila.
Robert Southey	Los vencidos no tienen amigos.
Jules Renard	Un amigo es aquel que siempre adivina cuándo se le necesita.
Publilio Siro	Un compañero de viaje que charla con nosotros nos hace más corto el camino.
Publilio Siro	Si soportas los defectos de un amigo sin corregirlos, se convertirán en los tuyos.
Solón	No te precipites en hacer nuevas amistades ni en abandonar las que ya tienes.
proverbio chino	Cuanto más queremos a nuestros amigos menos los lisonjeamos. Cuanto menos los queremos más los lisonjeamos.
proverbio francés	No hay mejor amigo ni pariente que uno mismo.
proverbio francés	El ceremonial es el humo de la amistad.
proverbio francés	Quien deja de ser amigo no lo había sido nunca.
proverbio esquimal	No sabrás quién es tu amigo antes de que se rompa el hielo [es decir, antes de encontrarte en problemas o dificultades].
proverbio americano	Los amigos se comprenden mejor en la distancia.
proverbio americano	El amigo de un idiota es como aquel que se acuesta con una hoja de afeitar en la cama.
proverbio africano	Los amigos de los buenos tiempos son como los gatos callejeros.

proverbio africano	No se tiene el alma de un amigo sin dar el alma.
proverbio asiático	El hombre afortunado tiene pan y amigos.
proverbio árabe	La imagen de la amistad es la verdad.
	Antes de conocer bien a un amigo conviene haber comido mucha sal con él.
proverbio italiano	Un viejo amigo es una eterna novedad.
proverbio italiano	Los verdaderos amigos son tan raros como las moscas blancas.
proverbio kurdo	Todos llaman a la puerta de aquel que llama a todas las puertas.
proverbio rumano	El hombre sin amigos es como la mano derecha sin la izquierda.
proverbio malgache	Cultiva la amistad de la misma forma que comes sal: rompiendo con los dientes la gruesa y saboreando lentamente la fina.
proverbio finlandés	Uno explica al amigo, el amigo a los demás.
proverbio finlandés	Mejor una buena separación que una falsa amistad.
proverbio japonés	Los toros van con los toros, los bueyes con los bueyes.
proverbio polaco	Cuando la desventura llama a la puerta se descubre que los amigos se han dormido.
proverbio portugués	Cuídate del amigo al que has ofendido.
proverbio italiano	En la amistad, quien más da, menos recibe.
proverbio africano	Si tu mano se cubre de grasa apóyala sobre tus mejores amigos.
proverbio asiático	Quien es bueno y tiene amigos no acumula riqueza.
proverbio indio	La amistad entre los hombres que se estiman es como la luna nueva que crece a medida que pasan las noches.
proverbio alemán	Amistad fundada en el vino dura como el vino; sólo una noche.
proverbio alemán	El amor es el oficio de la mujer y la amistad el oficio del hombre.

proverbio italiano	Los hombres dan a los amigos la alegría, y a sus mujeres, la murria.
proverbio japonés	Date un pellizco y conocerás el dolor del amigo.
proverbio francés	La prueba de amistad más difícil es mostrar al amigo sus defectos.
Biblia	Un amigo nuevo es como el vino nuevo: envejecerá y lo beberás con deleite.
Biblia	Cuida al amigo como a ti mismo.
anónimo	Todos para uno y uno para todos.
proverbio chino	Cuando dos hombres son amigos el agua que beben es dulce.
proverbio alemán	Algunos períodos de separación conservan una buena amistad.
proverbio alemán	Mientras el vaso escancia la amistad florece (es decir mientras no falta el dinero tampoco falta en compañía de quien gastarlo).
proverbio milanés	Demasiada amistad genera enfados.
proverbio latino	El enemigo del padre no es amigo del hijo.
proverbio alemán	Ansias de grandeza y amistad no están nunca en sociedad.
proverbio alemán	La verdadera amistad no se hiela durante el invierno.
proverbio francés	La amistad que nace del amor es mejor que el amor mismo.
proverbio francés	Hay que presumir de tener muchos amigos pero creérselo poco.
proverbio italiano	Los verdaderos amigos se reconocen en los momentos de necesidad.
proverbio milanés	Los verdaderos amigos son los que tenemos en el bolsillo (es decir el dinero).
proverbio indio	Amistad veloz, arrepentimiento asegurado.
proverbio turco	El amigo se preocupa de tu cabeza, el enemigo de tus pies (el primero lo hace para proteger y el segundo para poner la zancadilla).

proverbio holandés	Amigo de todos, loco con todos.
proverbio holandés	Encontrar demasiados defectos significa diluir una amistad.
proverbio indio	No por mucho cargar sobre los hombros a los amigos te vuelves jorobado.
proverbio latino	No juzgues a tu amigo sin haberte puesto antes en su lugar.
proverbio italiano	De los amigos me guarde Dios, que de los enemigos me ocupo yo.
proverbio húngaro	Mejor un amigo con siete pecados que un extraño.
proverbio chino	¿Tienes té y vino? Tus amigos serán numerosos.
proverbio chino	Encontrarse y hacerse amigos: nada más fácil. ¿Vivir juntos y seguir siendo amigos? Nada más difícil.
proverbio chino	Nuestros conocimientos pueden llenar el imperio pero nuestros amigos caben en el puño.
proverbio ruso	Buen Dios, guárdame de los malos amigos y yo me guardaré de los enemigos.
proverbio español	Los amigos, el aceite y el vino deben ser viejos.
proverbio español	Ojo al amigo que te cubre con sus alas y te hiere con su pico.
proverbio gallego	Amigo ambiguo vale por dos enemigos.
proverbio turco	No expongas a tu amigo a las iras de tu enemigo.
proverbio turco	Con el amigo come y bebe pero no hagas negocios.
proverbio turco	En el molino hacen falta dos piedras, en la amistad dos corazones.
proverbio latino	Es inútil buscar amigos fuera de casa si no se cuida y respeta a los propios padres.
proverbio malgache	La amistad es como la piel seca de la banana: si se tira de ella se rompe, si se hace lo contrario las fibras se separan.
proverbio milanés	Al amigo pélale el higo, al enemigo, el melocotón. [Se dice que la piel del higo es mala para la salud, mientras que la del melocotón es saludable.]

proverbio milanés	Son necesarios los amigos hasta en casa del diablo.
proverbio español	Ve con tu amigo hasta las puertas del infierno. Pero no entres.
proverbio español	No conviertas en amigo al que has vencido.
proverbio inglés	Un solo enemigo es demasiado y cien amigos son pocos.
proverbio latino	Quien es amigo de todos es muy rico o muy pobre.
proverbio español	Amigo reconciliado, doble enemigo.
proverbio español	Confía tus secretos a un amigo y te tendrá cogido por el cuello.
proverbio castellano	Para los muertos y los ausentes no hay amigos.
proverbio milanés	Es buenísimo el amigo y bueno el pariente, pero se pierden cuando ya no queda nada.
proverbio toscano	Vale más tener amigos en la plaza que en la caja.
proverbio toscano	El amigo no es conocido hasta que no está perdido [es decir, no nos damos cuenta de haber tenido un amigo hasta que lo perdemos].
proverbio véneto	Los amigos de los buenos tiempos durante las tormentas dejan que te ahogues.
proverbio toscano	Amigos, oro y vino viejo son buenos para todo.
proverbio ruso	Vale más tomar agua con un amigo que néctar con un enemigo.
proverbio milanés	Si quieres ganarte un enemigo, presta dinero a un amigo.
proverbio kurdo	El mundo es una rosa, huélela y pásala a tu amigo.
proverbio francés	Lo que se otorga a la amistad vuelve multiplicado.
proverbio kurdo	Quien busca un amigo sin defectos se queda sin amigos.
proverbio véneto	El interés mata la amistad.
proverbio toscano	Amigo viejo y casa nueva.
proverbio toscano	El mísero y mendigo pruebe con todos y luego con el amigo.
proverbio toscano	Quien ofende al amigo no perdona al hermano.

Amor

proverbio chino	Quien más ama más gasta; quien mucho acumula mucho pierde.
proverbio ruso	El amor es ciego, pero ve a distancia.
Ludovico Ariosto	El amor que pudo morir no era amor.
Elvire Basta	El hombre ama poco y a menudo; la mujer mucho y raras veces.
Beaumarchais	En hechos de amor, demasiado sigue siendo poco.
proverbio inglés	La admiración alaba, el amor es mudo.
proverbio inglés	Conquista el amor sólo aquel que huye.
Baldassarre Castiglione	Quien mucho ama habla poco.
Auguste Comte	El amor no puede ser profundo si no es puro.
Confucio	Amar y reconocer los defectos de aquellos a quien se ama, odiar y reconocer las cualidades de aquellos a quien se odia, son dos cosas muy raras bajo el cielo.
Benjamín Disraeli	No hay más amor que a primera vista.
Massimo Bontempelli	El amor nace por curiosidad y perdura por costumbre.
dicho inglés	Qué satisfacción estar enamorado.
Carlo Dossi	El amor no sólo vive de sentimientos, también de filetes.
proverbio alemán	Donde no hay amor no hay verdad y sólo quien ama vale algo. No ser nada y no amar nada es perfectamente idéntico.
Anatole France	La timidez es un gran pecado contra el amor.
dicho alemán	El amor materno es el bien más grande de la vida, de esta forma cada uno, por muy pronto que muera, participa del bien mayor.
proverbio judío	El hombre más listo enloquece al amar; la mujer más tonta se vuelve lista cuando ama.
proverbio chino	El ojo del amante descubre una diosa en su amada.

proverbio chino	No hay espada contra la simpatía afectuosa. [Frente al amor se envainan las armas.]
Tagore	Dejemos a los muertos la inmortalidad de la gloria y a los vivos la inmortalidad del amor.
proverbio chino	Si se ama una cosa y se la ve con los ojos del corazón, se olvidará su fealdad.
proverbio chino	Las cortinas de una alcoba son como las de un tribunal, y la cama de marfil es parecida a una cárcel.
proverbio chino	El perfume de los cipreses sigue la respiración del viento. Las palabras de amor de la amada guían el curso de la vida de un hombre.
proverbio chino	Una casa sin amor es como una chimenea sin fuego, una casa sin la voz de un niño es como un jardín sin flores, la boca de la mujer amada sin la sonrisa es como una lámpara sin luz.
proverbio chino	Sólo se consume el que no ama, pero quien ama da hasta los huesos a los demás.
proverbio chino	Sé justo y reconoce que el amor es bello.
proverbio chino	El amor no perjudica al género humano, pero es motivo de excesos.
proverbio chino	Cólera de amantes resurgir del amor.
proverbio chino	Si los filtros sirviesen para capturar a los hombres, todas las mujeres tendrían un amante.
proverbio chino	Hay que mantener firme y custodiado nuestro corazón, si se deja ir puede perder la cabeza.
proverbio chino	El amor empieza con los ojos y termina con la costumbre.
proverbio chino	Mejor caminar con quien se ama que descansar con quien se odia.
proverbio chino	Quien tiene en el corazón el amor por una mujer, no tiene tiempo de odiar.
proverbio chino	El amor es una extraña criatura dulce y absurda que se alimenta de fantasía y muere de saciedad.

George Eliot	El mejor fuego no es el que se extiende más rápido.
Phineas Fletcher	El lenguaje del amor está en los ojos.
Théophile Gautier	Es una gran felicidad poder amar aunque no seamos amados.
Théophile Gautier	El amor es como la suerte: no quiere que se vaya tras él.
François Gerfaut	Las mujeres aman cuanto pueden, los hombres lo que quieren.
Claude-Adrien Helvétius	No se sirve más que el tiempo que se ama.
Herbert Houdetot	En amor, el mando corresponde por derecho al que ama menos.
Victor Hugo	El amor es el único éxtasis.
Pëtr Alekseevic Kropotkine	Sólo los que saben amar saben también odiar.
La Rochefoucauld	Mientras se ama se perdona.
Henry de Livry	Quien sabe amar sabe morir.
Louis du Peschier	No se ama nunca lo suficiente, si no se ama poco.
Jean Jacques Rousseau	¿Se puede llegar a olvidar aquello que se ha amado?
Publilio Siro	Nadie puede escapar ni al amor ni a la muerte.
Antonio Alcalde Valladaces	El amor, al igual que la ciencia, enseña mientras mata.
Marie Jeanne Bécu du Barry	Una mujer está perdida si tiene miedo de su rival.
Antoinette du Deffant	¿Qué es el amor? Un acceso de fiebre que acaba con un bostezo.
Massimo d'Azeglio	En amor la constancia es necesaria; la fidelidad es un lujo.
Paul Geraldy	Las mujeres han inventado el amor; los hombres el matrimonio y la felicidad.
Heinrich Heine	Cuando una mujer te ha engañado, ama enseguida a otra.
Michael Hubert	Las mujeres son realmente insaciables: nosotros les prometemos el placer y ellas pretenden la felicidad.
proverbio francés	En el verdadero amor es el alma la que abraza al cuerpo.

August von Platen	Los enamorados se ven únicamente a sí mismos en este mundo y olvidan que el mundo los ve.
Henry de Régnier	No hay amor sin que se sufra o se haga sufrir.
Henry de Régnier	El amor es eterno mientras dura.
Etienne Rey	Para muchas mujeres querer a un hombre significa engañar a otro.
Friedrich Rückert	El amor es el más antiguo, el más nuevo, el único acontecimiento del mundo.
Georges Sand	¡Hay del hombre que quiere llevar la sinceridad al amor!
Friedrich von Schiller	Conoce el amor únicamente quien ama sin esperanza.
Madeleine Scudéry	Imperdonables son los errores de quien ya no se ama.
proverbio ruso	El amor enseña incluso a un cura a bailar.
proverbio ruso	Para ser sabio el amor no necesita ir a la universidad.
proverbio griego	Se goza más amando que siendo amado.
proverbio turco	El amor devuelve a los viejos sabios a la infancia.
proverbio chino	El amor es una flor demasiado preciosa para ser cortada.
proverbio inglés	El amor se manifiesta por muchos signos amargos.
proverbio sirio	Quien se enamora sin dinero y quien se sulfura sin poder es un infeliz.
proverbio español	Cuando ya no se ama se pierde de golpe la memoria.
proverbio español	La constancia es la mayor de las quimeras del amor.
proverbio malgache	El amor es como la flor de la higuera: si se huele discretamente exhala su fragancia, pero si se la expone a los ojos de los demás acaba cubierta de moscas y pierde su perfume.
proverbio malgache	Quien ha disfrutado de lo mejor del amor no se conforma ya con el resto.
proverbio español	Las arrugas son la tumba del amor.
	No existe más amor que el amor a primera vista.

Edgar Lee Masters	Hay algo en la muerte que recuerda al amor.
proverbio alemán	El amor habla incluso con los labios cerrados.
proverbio alemán	Valiente es el que se bate contra dos enemigos pero lo es más quien hace el amor con los bolsillos vacíos.
proverbio sueco	El amor es un rocío que humedece al mismo tiempo las ortigas y los lirios.
proverbio sueco	Los ladrones no pueden robar el amor, pero a menudo el amor vence ladrones.
proverbio árabe	Si estás enamorado, te basta con oler una rosa, si eres un grosero, entras y destruyes el jardín. [Se refiere a las pretensiones que el amante muestra hacia la mujer amada y esquiva.]
proverbio árabe	Quien está enamorado de las perlas se tira al mar. [Es decir, quien está enamorado llega hasta la persona amada esté donde esté.]
proverbio sueco	Vida sin amor, años sin verano.
proverbio francés	Cuando llega el buen sentido el amor envejece.
proverbio indio	Que el amor sea como un paño que envuelve tu vida y tu muerte.
proverbio indio	Hay miles de miserias en un solo amor.
proverbio italiano	Nunca serás amado si sólo piensas en ti mismo.
proverbio sueco	Los compañeros de cama se escogen de día.
proverbio alemán	Las chicas enamoradas y los contrabandistas conocen los atajos.
proverbio alemán	Cuando la colcha está sobre la cabeza, los cónyuges son igualmente ricos.
proverbio toscano	Ama a quien te ama y contesta a quien te llama.
proverbio italiano	No se manda al corazón.
proverbio italiano	Promesas de enamorado, promesas de marinero.
proverbio italiano	El corazón es el primero que vive y el último que muere.
proverbio italiano	Lejos de los ojos, lejos del corazón.

proverbio toscano	El amor de carnaval muere en la cuaresma.
proverbio turco	Cuando dos corazones están de acuerdo incluso un pajar es un lecho de alegrías.
proverbio véneto	El amor no se oxida.
proverbio véneto	El amor no respeta a nadie.
proverbio finlandés	Se recuerdan los besos prometidos y se olvidan los besos recibidos.
proverbio finlandés	Un antiguo amor nos atormenta como la caries de un diente.
proverbio finlandés	El primer amor se parece a las primeras nieves; raramente perdura.
proverbio hawaiano	El amor refresca como el rocío.
proverbio danés	Pobreza y amor son difíciles de disimular.
proverbio armenio	El amor hace salir alas.
proverbio español	El amor es más agresivo que el odio.
proverbio danés	La pasión embellece lo feo.
proverbio polaco	Demasiado hacer el amor acaba en nada.
proverbio birmano	Cuanto más violento es el amor, más violento es el dolor.
proverbio istriano	El amor es una hierba espontánea.
proverbio alemán	El amor es el premio del amor.
	El amor es para los hombres el estado natural del alma.
proverbio alemán	Guárdate del amor que te mira los bolsillos.
proverbio sirio	Los pies van donde va el corazón.
proverbio francés	Si existe, se ve [el amor, se sobreentiende].
dicho ruso	Ama como el lobo ama a la oveja [dícese del amor violento].
proverbio alemán	El amor deja ver las rosas y no las espinas.
Zoroastro	El amor verdadero es un globo lleno de aire, del que salen tormentas cuando se agujerea.
proverbio italiano	Amor hecho a la fuerza no vale nada.
proverbio judío	Quien tiene prisa en el amor tiene prisa en el odio.

proverbio judío	Cuando hay amor nos podemos acostar sobre el filo de una espada, cuando no nos amamos incluso una cama enorme no basta.
proverbio hebreo	Un amor reciente es como el vino nuevo que tiene que madurar para ser bueno.
proverbio italiano	Quien no arde en llamas no inflama.
proverbio polaco	El amor llega a las mujeres a través de los ojos y a los hombres a través de las orejas.
proverbio finlandés	Los pensamientos de los amantes hablan en voz alta.
proverbio americano	Un hombre enamorado ha nacido por segunda vez.
proverbio americano	Para una mujer enamorada amar demasiado es no amar suficiente.
proverbio malayo	No te enamores hasta el punto de no saber cuándo llueve.
proverbio rumano	Amor breve, suspiros largos.
proverbio japonés	Un simple roce de mangas es el inicio del amor.
proverbio japonés	Amaos los unos a los otros como la vaca ama a su ternero.
proverbio toscano	Sin Ceres y Baco es amor débil y flaco.
proverbio italiano	El amor es de las jóvenes y el chismorreo de las viejas.
proverbio holandés	Los que duermen bajo las mismas sábanas aprenden a hablar con la misma boca.
proverbio polaco	El amor más grande es el de una madre, a continuación el de un perro y por último el de un amante.
proverbio húngaro	En el amor como en los sueños no hay nada imposible.
proverbio toscano	Quiéreme poco pero continúa.
proverbio húngaro	No te desesperes mientras puedas enamorarte.
proverbio rumano	Donde hay miedo hay poco lugar para el amor.
proverbio rumano	El amor entiende todos los idiomas.

proverbio español	La desconfianza y el amor no comen en el mismo plato.
proverbio italiano	El primer amor nunca se olvida.
proverbio véneto	Ni el amor ni el poder necesitan compañía.
proverbio véneto	El amor no hace hervir la olla (es decir no se vive sólo del amor).
proverbio turco	Sé dueño de quien no te ama y esclavo de quien te ama.
proverbio toscano	El amor es el principio del bien y del mal.
proverbio italiano	El amor existe tanto bajo la lana como bajo la seda [es decir, el amor no entiende de riquezas y no es privilegio de los ricos].
proverbio toscano	Todo amor tiene su gasto.
proverbio toscano	Con el amor está el temor.
proverbio italiano	Cuanto más se ama menos se conoce.
proverbio italiano	Calienta más el amor que mil fuegos.
proverbio italiano	Ojos que no ven, corazón que no siente.
proverbio toscano	Guárdate de tres c en amor: primos, cuñados y compadres.*
proverbio español	En el amor y en las luxaciones las recaídas son frecuentes.
proverbio español	Frente al amor y la muerte no sirve de nada ser fuerte.
proverbio español	El amor corrompe los corazones puros y purifica los impuros.
proverbio italiano	El amor como las plantas florece mientras tiene raíces.
proverbio alemán	Quien no ama no vive.
proverbio alemán	Quien ama sin placer, quien bebe sin sed y quien come sin hambre, poco vive.
proverbio toscano	Amor antiguo no se oxida.
proverbio malgache	A los ojos que aman no les avergüenza mirar.
proverbio italiano	El amor reina sin ley.

* La primera c corresponde al término italiano *cugini* que equivale al español *primos*. (N. de la T.)

proverbio italiano	El amor hace pasar el tiempo y el tiempo hace pasar el amor.
anónimo	Beso de labios no siempre viene del corazón.
proverbio italiano	Al comprar caballos y al tomar mujer cierra los ojos y encomiéndate al Señor.
proverbio italiano	El amor es el precio para quien quiere comprar el amor.
proverbio malgache	Que el amor no imite las fuertes olas, numerosas pero efímeras; sea en cambio como el agua escondida bajo la arena: parece imposible encontrarla y se la encuentra.
proverbio francés	Cuando la pobreza entra por la puerta el amor salta por la ventana.
proverbio francés	Amor, tos y humo no se pueden esconder.
proverbio francés	Cuanto más desnudo está el amor, menos frío tiene.
proverbio francés	Los amantes que se pelean, se adoran.
proverbio francés	El amor enseña a los asnos a bailar.
proverbio francés	La mujer de un hombre sospechoso tiene cuarenta hombres como esposos.
proverbio francés	El amor es como una planta trepadora que muere si no tiene nada a qué agarrarse.
proverbio francés	En el amor sólo el principio es divertido.

Amor al prójimo

Jaques Duclos	Una de las principales virtudes sociales es tolerar a los demás aquello que debemos prohibirnos a nosotros mismos.

Animales

proverbio asiático	Allí donde no hay un tigre incluso una liebre señorea.
proverbio asiático	Un perro vivo es más útil que un aristócrata muerto.

proverbio asiático	Para el caballo perezoso el carro es siempre pesado.
proverbio finlandés	Perro que ladra no encuentra liebre.
proverbio milanés	Perros y villanos no hay peligro de que cierren las puertas.
proverbio español	A la puesta del sol el buey se derrumba sobre el timón.
dicho trentino	Caballo no mueras que la hierba debe llegar.
proverbio francés	Perro no come perro.
proverbio español	La gallina es de campo y se la come quien es de Sevilla.
proverbio toscano	A caballo avena y camino.
proverbio toscano	Caballo de Holanda buena boca y mala pata.
proverbio toscano	Si el caballo tropieza y no se cae es buena señal.
proverbio véneto	Guárdate de un perro que no ladra y de un cuchillo que no corta.
proverbio italiano	El pez grande se come al pequeño.
proverbio véneto	Quien monta el caballo de los demás debe desmontar en medio del barro.
proverbio griego	La rana por no pedir ha perdido la cola [dícese de las personas demasiado orgullosas].
proverbio milanés	Guárdate de la gata que te lame.
proverbio japonés	Incluso los monos se caen de los árboles.
proverbio español	A la olla que hierve ninguna mosca se acerca.
proverbio finlandés	El perro reconoce al hombre que lo acaricia.
proverbio japonés	Caballo viejo no olvida el camino.
proverbio japonés	Incluso el pensamiento de una hormiga alcanza el cielo.
proverbio milanés	Aprende de las hormigas a amasar tu fortuna.
proverbio latino	Vale más una abeja que mil moscas.
proverbio italiano	Perro ladrador poco mordedor.

Apariencia

proverbio chino	El bambú por dentro está vacío y le cuelgan las hojas.

proverbio chino	El pez que no se ha cogido es siempre el más grande y el anzuelo siempre el más pequeño.
proverbio chino	Mientras cuentas las estrellas te rodea la oscuridad más profunda.
proverbio chino	Yo soy un señor, tú eres un señor, él es un señor, somos todos señores, ¿pero quién almohaza al caballo?
proverbio chino	El mono vestido de seda mono se queda.
proverbio chino	Las botellas medio llenas hacen más ruido aunque contengan menos líquido que las demás.
proverbio chino	Si la manga no es amplia no ondea.
proverbio chino	En el horizonte de las tierras bajas un altozano parece una montaña.
proverbio chino	Sólo los recipientes vacíos resuenan y se oyen a gran distancia.
proverbio chino	El asno puede entrar en el templo, pero no por ello se convierte en monje.
Elisabeth Browning	El diablo es tanto más diabólico cuando es respetable.
Giovenale	No te fíes de las apariencias.
La Fontaine	Las personas que hacen poco ruido son peligrosas.
proverbio latino	La barba no hace al filósofo.
William Wordsworth	Todas las personas son menos terribles de lo que parecen.
Séneca	Nadie puede llevar la máscara durante mucho tiempo.
proverbio napolitano	Lo que sucede en la olla sólo el cucharón lo sabe. [No se debe juzgar sólo por las apariencias.]
proverbio toscano	Al rebuznar se verá quien no es león.
proverbio toscano	No digas cuatro hasta que no lo tengas en el saco. No todo lo que pendula cae.
proverbio latino	No es oro todo lo que reluce.
dicho veneciano	Te conozco mascarita.

proverbio milanés	Hacer de sierva y de señora es una vida desgraciada [se refiere a la dificultad de salvar las apariencias].
dicho americano	Su ladrido es peor que su mordisco [es decir, quiere mostrarse peor de lo que es].
	No juzgues el barco desde tierra.
proverbio toscano	Del falso bien viene el auténtico mal.
proverbio italiano	El diablo no es nunca tan feo como lo pintan.
proverbio toscano	Mal se juzga al caballo desde la silla.
proverbio latino	El hábito no hace al monje.
proverbio universal	Las apariencias engañan.
proverbio italiano	No todos los que tienen un gran cuchillo son verdugos.
proverbio italiano	No juzgues al hombre en el vino si no has bebido.
proverbio francés	No siempre huye el que vuelve la espalda.

Argucia

William Shakespeare	La brevedad es el alma del espíritu.

Aritmética

La aritmética no es una opinión.

Arquitectura

Arthur Schopenhauer	La arquitectura es una música congelada.

Arrepentimiento

Ludwig Börne	No arrepentirse de nada es el principio de toda sabiduría.
proverbio americano	El que confiesa la deuda paga la mitad.
proverbio judío	Los arrepentimientos nos salvan de la ira del cielo.

proverbio inglés	El arrepentimiento es bueno, pero no tanto como la inocencia.
proverbio chino	El arrepentimiento es la primavera de la virtud.
proverbio turco	Cabeza cortada no vuelve a su sitio [es decir, el arrepentimiento tardío no sirve para nada].
Jean-Baptiste Lacordaire	El remordimiento precede a la virtud como la aurora precede al día.
La Rochefoucauld	Olvidamos fácilmente nuestras culpas cuando sólo nosotros las conocemos.
Talmud	Una contrición sincera es mejor y más eficaz que mil flagelaciones.

Arte

Albert Chauvilliers	Ser original es una cualidad; quererlo ser un defecto.
Adrien Decourcelle	La obra de arte es un hijo que se bautiza sólo tras la muerte del padre.
Théophile Gautier	Todo pasa; sólo el arte sólido es eterno.
Ovidio	El arte consiste en esconder el arte.
August von Platen	El arte no es siervo de la masa.
Charles Henry Auguste Schefer	El límite hace al maestro, y al hombre.
William Makepeace Thakeray	El arte es verdad, y la verdad es religión.
Jules Renard	No estar nunca satisfechos: aquí está el arte.
Oscar Wilde	Un verdadero artista no presta de ningún modo atención al público.
proverbio chino	El temperamento variable de los artistas es la enfermedad que aflige a los diletantes.
proverbio chino	La creatividad consiste en mirar con ojo nuevo las cosas viejas.
proverbio italiano	Las artes fatigosas y útiles son las más loables.
proverbio francés	Es preciso encontrar ideas nuevas para llevar a cabo las viejas.
proverbio americano	El arte más grande es el de vivir.

proverbio americano	Un artista completo no conoce el éxito.
proverbio indio	El arado es el fundamento de todas las artes.
proverbio italiano	Quien ama el arte estima la ópera.
proverbio latino	Todo arte es imitación de la naturaleza.
proverbio indio	Sólo el ruiseñor comprende a la rosa.
proverbio turco	Para el artista el arte está escondido bajo una brizna de hierba, para el profano bajo una montaña.
proverbio italiano	Estudia arte y déjalo de lado.
proverbio italiano	El arte no tiene peor enemigo que el ignorante.
proverbio italiano	Cada uno es maestro en su arte.

Astucia

David Hank	La mujer puede carecer de perspicacia, pero nunca de astucia.
Victor Hugo	Allí donde sólo hay habilidad hay necesariamente pequeñez. Decir hábil es como decir mediocre.
George Courteline	Hacerse el listo es la característica de todo imbécil.
proverbio latino	La serpiente se esconde en la hierba.
proverbio toscano	Hay que hacerse el tonto para no pagar la sal.
proverbio italiano	Quien hace una trampa sabe tender cien.
proverbio latino	Quien no sabe fingirse amigo no sabe ser enemigo. Para conocer a un pillo hace falta un pillo y medio. Al final todos los zorros acaban en la peletería.
proverbio italiano	La necesidad agudiza el ingenio. El engañado es quien engaña.
proverbio toscano	Con el zorro conviene zorrear.
proverbio latino	Donde no basta la piel de león hay que añadir la del zorro [es decir, cuando el coraje no basta hay que recurrir a la astucia].
proverbio toscano	Quien mete el pie en dos zapatos a menudo los pierde.

proverbio italiano	Quien no sabe callar no sabe hablar.
dicho milanés	Es hora de bajarse de la planta [se refiere a la lentitud de reflejos mentales y también a la consabida, y no siempre cierta, mayor astucia del ciudadano frente al campesino].
proverbio lombardo	Detrás viene un carro de hilo [se refiere al hilo de coser, del que caben muchos kilómetros en un carro; el dicho se aplica a personas cortas de entendederas].

Audacia

La Fontaine	La fortuna, que es ciega, ayuda a la ciega audacia.
Pietro Metastasio	La fortuna y el atrevimiento a menudo van juntos.
Virgilio	La fortuna ayuda a los audaces.
Voltaire	La buena suerte fue siempre hija de la audacia.
proverbio italiano	Quien no se arriesga no conquista.

Autor

La madera vieja arde mejor, el vino viejo es mejor, los viejos amigos son más fiables y los viejos autores son la mejor lectura.

Autoridad

proverbio francés	La violencia crea los jefes, la autoridad los maestros.
proverbio africano	El mango nuevo hiere la mano.
proverbio latino	Para convertirse en amo hay que tener espíritu de esclavo.
proverbio turco	El caballo reconoce por la brida al que lo gobierna.

Tres cosas dan la medida del hombre: la riqueza, la desgracia y la autoridad.

proverbio indio · No se dirige a todo el mundo con el mismo bastón.

proverbio español · No pidas por favor lo que puedas obtener con la fuerza.

proverbio árabe · Todos los defectos que gustan al sultán se convierten en cualidades.

Avaricia

proverbio chino · Los avaros comparten la suerte de las abejas y de las hormigas. Acumulan como si viviesen eternamente.

Thomas Browne · Ciertamente se equivoca quien elige por amigo a un avaro.

Adolf Franz Friedrich Kanigge · No es posible imaginar una bajeza de la que un avaro no sea capaz.

La Fontaine · La avaricia todo lo pierde por querer tenerlo todo.

Antoine Rivarol · Al avaro le falta tanto lo que tiene como lo que no tiene.

Publilio Siro · Al pobre le faltan muchas cosas, al avaro, todas.

proverbio chino · Tanto es el miedo a la indigencia que el avaro pasa la vida en la miseria.

proverbio italiano · El avaro es como el cerdo; está bueno muerto.

proverbio veneciano · Quien más tiene, menos suelta.

proverbio indio · Al avaro le conviene casarse con una virgen ciega [porque no conoce la vida matrimonial y no puede ver el valor de los regalos].

proverbio árabe · El avaro se parece al asno cargado de oro que se alimenta de paja.

proverbio árabe · La avaricia es una de las ramas del árbol infernal.

proverbio árabe · El dinero es para el pobre un beneficio y para el avaro un suplicio.

El avaro es como el hidrópico; cuanto más bebe más sed tiene.

proverbio español   La avaricia rompe el saco.

proverbio toscano   A padre avaro, hijo pródigo.

proverbio italiano   Es una gran locura vivir pobre para morir rico [es decir, no vale la pena vivir con estrecheces para morir con dinero que gastarán los demás].

proverbio malgache   El hombre rico tiene porteadores sólo después de la muerte.

proverbio ruso   Para el avaro el alma vale menos de un céntimo.

proverbio turco   El avaro pierde más de lo que el generoso da.

proverbio turco   Por las piezas que ha guardado el avaro puede contar sus hurtos y sus enemigos.

proverbio francés   El avaro por lo poco pierde mucho.

proverbio birmano   Las palabras del hombre avaro son falsas y dulces.

proverbio africano   El avaro es un ladrón.

proverbio alemán   Mucho le falta al pobre y todo al avaro.

proverbio inglés   El avaro, al igual que el pinche de cocina, da vueltas al asador para los demás.

proverbio francés   Cuando todos los pecados han envejecido, la avaricia es joven aún.

proverbio francés   Estafar a un avaro es pan bendito.

proverbio americano   El avaro está dispuesto a vender incluso su parte de sol.

proverbio indio   El avaro, haciendo un agujero para esconder su oro, ha acabado en el infierno.

Avidez

proverbio chino   Nada le basta a quien encuentra escaso lo que es más que suficiente.

dicho árabe   El ávido es calvo y pretende un peine.

dicho judío   Deja entrar al ávido en tu casa y te echará de ella.

Biblia   Los ojos del hombre no se sacian nunca.

proverbio inglés	El mar no rechaza ningún río.
proverbio francés	Quien más tiene, más quiere.
proverbio árabe	Demasiado de una cosa es falta de otra.
proverbio japonés	Ningún exceso es bueno, ningún poco bastante.
proverbio japonés	Demasiado es peor que poco.
proverbio ruso	Es preciso cortar el árbol que da demasiada o muy poca sombra.
proverbio indio	El exceso de néctar es un veneno.
proverbio portugués	Demasiadas velas provocan el incendio de la iglesia.
proverbio español	Quien mucho abarca, poco aprieta.
proverbio francés	Quien todo reclama, todo lo pierde.
proverbio ruso	Los ojos ávidos no pueden coserse más que con el hilo de la muerte.

Azar

Nicolas de Chamfort	El azar es un apodo de la Providencia.
Gotthold Ephraim Lessing	La palabra azar es una blasfemia; nada bajo el sol es azar.
Novalis	Ni siquiera el azar es inescrutable; también tiene su orden.
proverbio francés	¿El azar? Pero si es Dios de incógnito.
proverbio suizo	Nos avergonzamos de reconocer lo que le debemos al azar: de todos los benefactores, el azar es el que recibe más ingratitud.

Belleza

proverbio chino	Si tras la belleza no encuentras una mente sabia, considérala como la de un animal.
Friedrich von Schiller	Sólo la belleza femenina es una auténtica reina; allí donde se encuentra domina y domina sólo porque se muestra.

Michel de Montaigne	La belleza es una gran recomendación en el comercio humano, y no hay nadie tan bárbaro o tosco como para no apreciar su dulzura.
Bartolomé Leonardo de Argensola	¡Lástima que tanta belleza no sea verdad!
Francis Bacon	La mejor parte de la belleza es aquella que un retrato no puede reflejar.
proverbio inglés	La belleza es de índole caduca; una sola estación y desaparece.
Fedor Dostoyevski	Resulta difícil juzgar la belleza: la belleza es un enigma.
Phineas Fletcher	La belleza, desnuda, es cuando está mejor vestida.
San Francisco de Sales	La belleza, para gustar, debe ser descuidada.
proverbio alemán	El encanto de la mujer puede más que el coraje del hombre.
John Keats	Una cosa bella es una joya eterna.
proverbio serbio	Entender lo bello significa poseerlo.
proverbio húngaro	El hombre puede hacer mucho, pero la belleza más.
Ovidio	La belleza es un bien frágil.
Manuel José Quintana	¡Ah, desgraciada la que nació bella!
Ernst Riedschell	Lo bello del arte siempre es verdad, pero la verdad no es siempre bella.
William Shakespeare	La belleza atrae a los ladrones más que el oro.
proverbio italiano	Bella por fuera, triste por dentro.
proverbio ruso	Nada es bello excepto la verdad.
	La belleza es un reino que dura poco.
proverbio milanés	En la oscuridad todas las mujeres son bellas.
proverbio milanés	La mujer cuanto más pequeñita mejor.
proverbio milanés	El ojo quiere su parte.
proverbio toscano	Belleza de cuerpo no se hereda.
proverbio toscano	Belleza sin bondad es como un vino picado.
proverbio milanés	No por moreno es feo, es más hace crecer el deseo.

proverbio toscano	Una belleza sin gracia es un anzuelo sin cebo.
	Una hermosa puerta embellece una fea fachada.
proverbio toscano	La belleza es como una flor; nace pronto y pronto se marchita.
proverbio italiano	No es bello lo que bello es, sino lo que gusta.
proverbio francés	De las mujeres bellas y de las flores de mayo se va la belleza en un día.
proverbio alemán	Conseguir una mujer bella es fácil, pero conservarla difícil.
proverbio latino	La mujer bella está mejor desnuda que vestida de púrpura.
proverbio suizo	La modestia es la auténtica belleza de una mujer.
Remy de Gourmont	Los corazones más duros se dejan enternecer por la belleza.
proverbio japonés	La belleza siempre tiene razón.
proverbio kurdo	Si no amase a las mujeres bellas, Dios no las habría creado.
proverbio francés	La belleza lleva su dote en el bolsillo.
proverbio español	No sea una mujer tan bella como para matar ni tan fea como para asustar.
proverbio egipcio	Una mujer bella es el paraíso de los ojos, el infierno del alma y el purgatorio de la bolsa.
proverbio judío	No es bello lo que cuesta mucho, pero cuesta mucho aquello que es bello.

Beneficencia

proverbio chino	Hacer el bien a quien lo merece es como sembrar en un campo fértil.
Pierre Corneille	Vale más la manera de dar que lo que se da.
Victor Hugo	Quien da a los pobres, presta a Dios.
Marcial	Poseerás tan sólo las riquezas que hayas dado.
San Mateo	Cuando des limosna, que tu mano izquierda no sepa qué hace la derecha.

Hipólito Nievo	Lo ofrendado no obliga tanto como el modo de ofrecerlo.
Blaise Pascal	El placer de los grandes consiste en poder hacer feliz a la gente.
proverbio latino	Da dos veces el que da enseguida.
Sófocles	La más bella obra humana es la de ser útil al prójimo.
Talmut	Cuando se hace el bien, hay que hacerlo con alegría.
proverbio chino	El que no recuerda el bien que ha recibido tiene el alma vieja.
proverbio chino	Si al amar a los demás no eres amado, piensa si en verdad eres benévolo.

Beso

proverbio italiano	Los besos son como las cerezas: uno lleva a otro.
proverbio chino	Un beso es como beber agua salada, bebe y tu sed aumentará.
Théophile Gautier	El auténtico paraíso ya no está en el cielo: se encuentra en la boca de la mujer amada.
proverbio kurdo	Si tu beso tiene el ardor del sol, la rosa te dará todo su perfume.
proverbio árabe	Besa al perro en la boca hasta que consigas lo que quieres.
proverbio español	El beso es al amor lo que el rayo al trueno.

Bondad

proverbio chino	La bondad vence a la maldad como el agua al fuego.
proverbio chino	Lo que se come desaparece, lo que se da con el corazón nos es devuelto aumentado.
proverbio chino	En los años de abundancia los hijos de los

	hombres son casi siempre buenos; en los años de carestía son casi siempre malvados.
Joseph de Beauchamp	Querer ser bueno, ya es serlo.
Simon de Boufflers	Ay de mí, el mismo bien no tiene siempre como fin el bien.
Jean-Baptiste Lacordaire	Sobre todo sed buenos: la bondad, más que otra cosa, desarma a los hombres.
Bulwer Lytton	Un corazón bueno vale más que todas las cabezas de este mundo.
Michel de Montaigne	Una prueba nada despreciable de la propia bondad consiste en fiarse de la bondad de los demás.
Séneca	Del mal no sale nada bueno.
Talmud	Feliz el hombre que sale de la vida tan puro como entró.
León Tolstoi	No es posible ser bueno a medias.
proverbio chino	Las lágrimas de los buenos no caen al suelo, sino en el cielo en el regazo de los dioses.
proverbio chino	Ser sinceros, pocos pueden; pero quienes pueden no quieren. Menos que nadie pueden serlo los buenos.
	Los buenos cuando se echan a perder se vuelven pésimos.
proverbio árabe	Los dioses han hecho las manos de los hombres para que den limosna.
proverbio árabe	Da un dátil al pobre y disfrutarás de su verdadero sabor.
proverbio árabe	La mano que da está por encima de la mano que recibe.
	El hombre bueno es siempre un principiante.
	Sed buenos y estaréis solos.
proverbio coreano	Si has perdido algo hazte a la idea de que se lo has dado a un pobre.
proverbio asiático	La ofensa se olvida en una noche, el beneficio en un día.

proverbio latino	El beneficio no se encuentra en los hechos, sino en las intenciones.
proverbio milanés	Una mano lava la otra, y las dos lavan la cara.
proverbio milanés	Si tienes que hacer el bien, fíjate antes a quién lo haces.
proverbio latino	Hay que dar limosna con el dinero propio, no con el de los demás.
proverbio milanés	La caridad sale por la puerta y entra por la ventana.
proverbio toscano	Vale más buena cara que un montón de halagos.
proverbio italiano	Con buenos modos se consigue todo.
proverbio italiano	Quien da para recibir no da nada.
proverbio italiano	Quien no da aquello que ama, no recibe lo que ansía.
proverbio italiano	Incluso al diablo está bien dar limosna.
Francesco Guicciardino	El bien de los bienes consiste en no perjudicar a nadie y, en la medida de lo posible, hacer el bien a todos.
proverbio español	Dar limosna no aligera la bolsa.
proverbio americano	La mejor caridad es la justicia para todos.
proverbio kurdo	Dar sale del corazón, no de las riquezas.
proverbio kurdo	Quien mucho promete da poco.
proverbio francés	Basta un minuto para hacer un héroe, pero es necesaria toda una vida para conseguir un hombre de bien.
La Rochefoucauld	No merece ser alabado por su bondad aquel que no tiene el valor de ser malvado.
proverbio judío	Quien da no debe acordarse; quien recibe no debe olvidar nunca.

Bribones

Robert Burns	Los bribones y los tontos son plantas de todo suelo.
proverbio italiano	Pocos son los bribones pobres.

proverbio calabrés	El bribón cuando se arriesga se convierte en un gentilhombre.

Buen sentido

proverbio judío	El buen sentido es el instinto de lo verdadero.
proverbio alemán	Cobardía, estupidez y maldad se esconden en ocasiones bajo la máscara del buen sentido.

Calumnia

de *El barbero de Sevilla,* de Gioacchino Rossini	Calumniad, calumniad; siempre quedará algo.
proverbio francés	La calumnia es como una avispa que os importuna y contra la cual no se debe hacer ningún movimiento a menos que estéis seguros de matarla.
proverbio véneto	Escuchar, ver y callar, son tres cosas difíciles de hacer.
	Si la raíz es profunda no teme al viento [es decir, si la conciencia está tranquila, no teme a la calumnia].
proverbio libanés	La calumnia salpica hasta a los inocentes.
proverbio chino	La calumnia tiene alas, pero la verdad está siempre en la llegada.

Caminante

proverbio latino	El caminante con los bolsillos vacíos puede cantar en la cara del ladrón.

Campo

proverbio chino	Vive en el campo por tu propio placer y por tu riqueza antes que vivir en la ciudad por el placer de los demás y la riqueza de otro.

Carácter

Nicolas de Chamfort — Quien no tiene carácter no es un hombre, es una cosa.

Philip Chesterfield — Sin carácter es imposible abrirse camino en el mundo.

Anatole France — El ingenio, sin carácter, de nada sirve.

Jacobi — El carácter del hombre no reside en el intelecto, sino en el corazón.

proverbio francés — El carácter es la mitad del destino.

Jules Renard — Un hombre de carácter no tiene buen carácter.

proverbio kurdo — De un perro roñoso no pueden nacer perros lobos.

proverbio asiático — El hombre de carácter atraviesa mil ríos sin mojarse los zapatos.

proverbio italiano — Es mejor compadecer que ser compadecidos.

proverbio italiano — Querer es poder.

proverbio italiano — Quien ha hecho treinta puede hacer treinta y uno.

proverbio italiano — Quien no tiene problemas se los busca con farolillos.

proverbio italiano — Frente a los superiores hay que bajar siempre la cabeza.

proverbio véneto — Los defectos son como los olores: los nota más la persona de al lado que el que los lleva.

proverbio véneto — Quien está detrás de los demás no pasa nunca delante [es decir, quien no pone coraje en sus acciones no consigue progresar].

Caridad

Francis Bacon — En la caridad no existe el exceso.

Leonard Broome — Da a medias el que duda en dar.

Comtesse Diane — La caridad del pobre consiste en querer al rico.

Anatole France	La limosna deshonra tanto a quien la recibe como a quien la da.
Horace Smith	La caridad empieza por uno mismo y, generalmente, termina donde empieza.
Oscar Wilde	La caridad origina una multitud de pecados.

Cariño

proverbio italiano	Los errores son grandes cuando el afecto es pequeño.
proverbio francés	Los grandes pensamientos nacen del corazón, los grandes sentimientos vienen del cerebro.
proverbio francés	Cuando el corazón es bueno todo el resto puede mejorar.
proverbio noruego	El cariño alimenta tanto como el odio consume.
Theophile Gautier	A fuerza de vivir sin nadie que nos quiera, nos volvemos malos.

Casa

proverbio chino	Es mejor tener en casa un grano de pimienta que una cesta de calabazas.
proverbio chino	Sin salir de casa, se puede saber lo que sucede en el mundo.
proverbio inglés	El hogar de un hombre es su castillo.
proverbio italiano	Hogar en el que no entra el sol, entra el médico a todas horas.
proverbio toscano	Casa mía, casa mía por pequeña que seas me pareces una bahía.
proverbio toscano	Quien tiene una buena cadena en la puerta no tiene miedo de nadie.
proverbio holandés	Casa con buen vecino vale más que unos florines.

proverbio ruso	El hogar es el refugio de todo agravio y todo miedo.
proverbio italiano	Quien no cuida su mansión no es hombre de razón.
dicho	Hogar, dulce hogar.
proverbio italiano	El hombre hace al lugar y el lugar al hombre.
proverbio italiano	Navidad con los tuyos y Semana Santa con quien quieras.
proverbio chino	El hogar se encuentra allí donde se está a gusto.
proverbio italiano	Quien está mucho en casa de los demás se vuelve un extraño en la propia.

Causa y efecto

Dante Alighieri	Poca chispa, gran llama provoca.
proverbio chino	Al huir de la lluvia se corre el riesgo de encontrarse bajo el granizo. [Salir de la sartén para caer en el fuego.]
proverbio chino	Cuanto más alta es la montaña, más profundo es el valle.

Ceguera

dicho	No hay más ciego que el que no quiere ver.
proverbio latino	En el país de los ciegos, el tuerto es el rey.

Celos

William Burke	El amor celoso enciende su llama en el fuego de la furia.
proverbio inglés	La mujer celosa cree en todo aquello que la pasión le sugiere.
La Rochefoucauld	En los celos hay más amor propio que verdadero amor.

proverbio francés	Las mujeres pocas veces nos perdonan ser celosos; pero sin embargo no nos perdonarían nunca no serlo.
Honoré de Balzac	Ser celoso es el colmo del egoísmo.
Emmanuel Kant	El hombre es celoso si ama; la mujer lo es sin necesidad de amar.
Robert Louis Stevenson	Los celos son una de las consecuencias del amor.
proverbio portugués	Los celos son el amor propio de la carne.
La Rochefoucauld	Lo que hace más insoportable el dolor de la vergüenza y de los celos es que la vanidad no ayuda a sobrellevarlos.
proverbio inglés	Los celos son una pasión vulgar; son algo desconocido entre las personas de alta cuna.

Cielo

proverbio chino	El cielo no se ara y al padre no se acusa.
proverbio chino	El cielo hace siempre el nido al pájaro ciego.
proverbio chino	El cielo es del hombre porque es su capa.

Ciencia

Francis Bacon	Un hombre no es más que lo que sabe.
George Byron	El árbol de la ciencia no es el de la vida.
proverbio americano	Un hombre puede lo que sabe.
Ralph Waldo Emerson	Sabemos más de lo que hacemos.
proverbio francés	Cuanto más saben los hombres peores son.
proverbio irlandés	La ciencia avanza a pasos, no a saltos.
Carlo Dossi	La ciencia no vale sino como consciencia.
proverbio revolucionario francés	La República no precisa sabios.
Miguel Angel Buonarotti	La ciencia es hija de la experiencia.
proverbio español	La auténtica ciencia enseña sobre todo a dudar y a ser ignorantes.

Citas

proverbio americano	Verificad siempre vuestras citas.

Ciudad

Abraham Nelsen Cowley	Dios hizo el primer jardín, y Caín la primera ciudad.
Ralph Waldo Emerson	La ciudad se recluta del campo.

Civilización

Justus von Liebig	El jabón da la medida del bienestar y del grado de civilización de los Estados.

Clemencia

Publilio Siro	Vence siempre quien utiliza la clemencia.

Clero

proverbio ruso	Al pope le gustan los pasteles, pero se los come cuando está solo.
proverbio ruso	Si hay hambre hasta un cura roba.
proverbio ruso	El pope no se escandaliza si el mujik hace cerveza, siempre y cuando le invite a beber.
proverbio toscano	El cura reza, pero no me engaña.
proverbio español	El cura habla por todos, menos por sí mismo.

Clima

proverbio toscano	La primera agua de agosto refresca el bosque. Tarde roja y negra mañana alegran al peregrino.
proverbio italiano	Rojo por la tarde buen tiempo traerá.
proverbio italiano	Año de nieves año de bienes.

proverbio toscano	Aire a ráfagas, relámpagos y saetas.
proverbio italiano	El blanco hielo de agua es mensajero.
proverbio francés	Desde el día de san Martín a Navidad todos los pobres están mal [debido al frío].
proverbio lombardo	En abril no te descubras, en mayo no te fíes, en junio haz lo que quieras.
proverbio italiano	El granizo no trae carestía.
proverbio toscano	Cuando truena y truena tiene que llover.
proverbio italiano	Cuando está sereno pero la montaña está negra no te fíes.
proverbio italiano	Lluvia de abril, cada gota un barril.
proverbio latino	Nieve en enero lleno el granero.
proverbio italiano	El viento no entra nunca allí donde no puede salir.
proverbio italiano	Temporal de noche, mucho ruido y pocas nueces.
proverbio italiano	El fresco del verano entumece el cuerpo en invierno.
proverbio italiano	El viento sólo es bueno para hacer funcionar los barcos y los molinos.
	La niebla deja el tiempo que encuentra [es decir la niebla no altera las condiciones meteorológicas].
proverbio español	Hasta el cuarenta de mayo no te quites el sayo.
proverbio español	Año de nieves, año de bienes.

Codicia

Fedro	Pierde su tiempo el que desea el de los demás.

Comer

Cicerón	El hambre es un óptimo condimento de la comida.
escuela médica salernitana	La primera digestión sucede en la boca.
escuela salernitana	Para dormir bien por la noche cena ligero.
escuela médica salernitana	Mientras comes, bebe con frecuencia y poco cada vez.

proverbio chino	Comer es uno de los cuatro objetivos de la vida. El hombre no ha sabido nunca cuáles son los otros tres.
proverbio chino	En este mundo, sucede con frecuencia que el estómago modifica el cerebro; en efecto el que se ha saciado difícilmente cree al que tiene hambre.
proverbio español	En el comer y el rascar, todo es empezar.

Comercio

proverbio chino	Allí donde pierdes una ventaja en un trato, ganas una ventaja.
Philip Chesterfield	La prepotencia es el alma de los negocios.
Benjamin Franklin	Ningún estado ha sido nunca arruinado por el comercio.
Robert Louis Stevenson	Todos viven de vender algo.
Samuel Smiles	El comercio prueba el carácter.
Luc de Vauvenargues	El comercio es la escuela de las trampas.
proverbio latino	Los padres hacen dinero y los hijos lo gastan.
proverbio véneto	En el trueque, uno ríe y otro se rasca la cabeza.
proverbio véneto	Con la verdad y con la mentira se vende la mercancía.
proverbio chino	Ser comerciante es como ser cura.
proverbio español	Quien compra lo que puede, vende lo que quiere.
proverbio español	Una buena tela encuentra el comprador sin tener que extenderla.
proverbio americano	No pienses en vender hielo a los esquimales.
proverbio belga	Quien vende necesita un ojo, quien compra cien.
proverbio kurdo	Para vender di bien, para comprar di mal.
proverbio chino	Divide equitativamente entre las ganancias y las pérdidas.
proverbio francés	¿Quieres que un comerciante sea honesto? Fíate de él.
proverbio africano	Antes de calcular comprando, calcula vendiendo.

proverbio español	Lo barato sale caro.
proverbio francés	Lo barato cuesta dinero.
proverbio francés	Entre comerciantes basta un apretón de manos.
proverbio toscano	Hasta el diablo se vendería si se pudiese cocer.
proverbio francés	El comercio es la escuela del engaño.
proverbio español	El arte del comerciante está más en lograr que le paguen que en vender.
proverbio francés	No existe comerciante que gane todos los días.
proverbio milanés	Comprando lo que no se puede pagar, se vende lo que ya no se puede comprar.
	Una cosa vale lo que el comprador paga.
proverbio irlandés	Cuida tu tienda y ella te cuidará a ti.
proverbio indio	Si compráis una vaca, aseguraos de que la cola esté incluida en el precio.
proverbio latino	Que el comprador esté siempre atento.
proverbio danés	El que no abre bien los ojos cuando compra, tiene que abrir bien la bolsa cuando paga.
proverbio francés	Hay más compradores que conocedores.
dicho universal	Compra a crédito y vende al contado.
proverbio chino	Nos engañan al comprar, pero no nos engañan nunca al vender.
proverbio francés	Hay más locos entre los compradores que entre los vendedores.
proverbio ruso	No es comprar lo que nos hace expertos, sino vender.

Comida

James William Boswell	Una comida lubrifica los negocios.
proverbio milanés	El arroz que nace en agua debe morir en vino.
proverbio veneciano	*La bocca non xe straca se non la sa de vaca.* *
	(«La boca no se cansa si no sabe a vaca»; significa que una comida no se acaba hasta que no se toma un poco de queso.)

* En veneciano en el original. (N. de la T.)

proverbio italiano	El mejor bocado se lo lleva el cocinero.
proverbio véneto	Una comida ligera y otra comedida al día mantienen al hombre en forma.
proverbio milanés	Estómago vacío, cerebro lavado.
proverbio africano	Quien conserva la comida para la cena es bendecido por Dios.
proverbio africano	El mayor enemigo del hombre es su estómago.
proverbio véneto	Cena larga vida corta, cena corta vida larga.
proverbio véneto	La sopa recalentada no está buena.
proverbio francés	Quien come peras con el patrón no come las mejores.
proverbio africano	Lo que es positivo para el paladar, es negativo para el hígado.
proverbio italiano	Quien hace las cuentas sin el mesonero, las tiene que volver a hacer.
proverbio toscano	Cuatro cosas precisa el pescado: fresco, frito, quieto y frío.
proverbio véneto	Quien no tiene hambre, o está enfermo o ya ha comido.
proverbio holandés	Estómago lleno cabeza alegre.
proverbio milanés	Mientras se come se disfruta. A la hora de pagar se sufre.
proverbio milanés	La ensalada la hace un sabio, un liberal y un avaro, la mezcla un loco y se la come un desesperado.
proverbio italiano	En la mesa no se hacen cumplidos.
proverbio toscano	El queso sin agujeros, el pan con agujeros y el vino que salte a los ojos.
	A la hora de comer, todos están listos.
proverbio holandés	Un hombre sólo puede comer con una boca.
proverbio indio	Mejor un trozo de pan bajo un árbol que un banquete en prisión.
proverbio ruso	Todos vemos el mismo sol, pero no comemos la misma sopa.

dicho turco	Su estómago está más cerca de él que su hermano.
proverbio asiático	El cocinero inexperto le echa siempre las culpas al horno.
proverbio italiano	Ni en la mesa ni en la cama es preciso el respeto.
proverbio camboyano	Si le das de comer a un hombre, observa su corazón; si le das de comer a un animal, observa sus caninos.
proverbio español	De grandes banquetes están llenas las tumbas.
proverbio turco	Uno come y otro mira; así nacen las revoluciones.
proverbio toscano	Con la barriga llena se piensa mejor.
proverbio toscano	Cocina sin sal, despensa sin pan, cantina sin vino, menuda mañana.
proverbio toscano	Saco vacío no se sostiene [es decir, quien no come no se aguanta de pie].
proverbio español	Hay que comer para vivir y no vivir para comer.
proverbio véneto	De aire no se vive.

Comodidad

George Eliot	Quien nunca ha tenido una almohada, no la echa en falta.
proverbio universal	En casa propia cada uno se hace su cama.

Compañía

proverbio chino	Cuando se habla más que se escucha es mejor cambiar de compañía.
proverbio latino	Es un consuelo para los míseros tener compañeros de desgracia.
proverbio serbio	Pide un compañero de lágrimas y encontrarás un compañero de bebida.
proverbio alemán	Dos contra uno son un ejército.
proverbio indio	La unión entre un hombre y una mujer es la única buena asociación.

proverbio libanés	Si la compañía no reportase ninguna ventaja, los hombres no tomarían mujer.
proverbio africano	La unión del rebaño obliga al león a acostarse hambriento.
proverbio italiano	Buena compañía acorta el camino.

Conducta

Baltasar Gracián	Hay que pensar como la minoría y hablar como la mayoría.
Thomas Wilson	Nuestra conducta es la única prueba de la sinceridad de nuestro corazón.
Thomas Paine	Mi país es el mundo y mi religión es obrar bien.
proverbio chino	Las charlas no cuecen el arroz.
August von Platen	No abandones tu barca al mar de la suerte, rema y hazlo con habilidad. Una vez más, reflexiona.
proverbio italiano	Con buenos modos se obtiene todo.

Confianza

Séneca	Los míseros creen fácilmente en aquello que desean mucho.
proverbio ruso	Es más bello dejarse engañar diez veces que perder una vez la fe en la humanidad.
anónimo	Pierde enseguida el que desespera por ganar.
Biblia	Maldito el hombre que confía en el hombre.
Biblia	Trata al que no es virtuoso como si lo fuera, y se volverá virtuoso.
proverbio latino	Confía en lo que ves.
proverbio chino	La puerta mejor cerrada es la que se puede dejar abierta.
proverbio americano	Quien no confía en el hombre, no confía en Dios.
proverbio toscano	Quien no sabe mentir cree que todos dicen la verdad.

proverbio toscano	No es posible conocer a los hombres a la primera.
proverbio americano	La confianza en sí mismo es el primer secreto del éxito.
Georg Rollenhagen	Quien confía con facilidad, fácilmente es engañado.
proverbio toscano	Loca está la oveja que se confiesa con el lobo.
proverbio español	La confianza da asco.

Conocer

proverbio chino	El hombre que sabe de muchas cosas puede ser superficial, el hombre que sabe de una sola puede ser perverso.
proverbio griego	Conócete a ti mismo.

Consciencia

Hipólito Nievo	En nuestro interior la justicia tiene un altar sin misterios.
Cicerón	A mí me interesa más mi consciencia que la opinión de los demás.
proverbio chino	La consciencia es para nosotros la voz de los mismos dioses.
proverbio toscano	Quien se ruboriza por su delito no siente.
proverbio italiano	El que hace daño odia la luz [es decir, la claridad es la consciencia del propio error].
Evangelio	El que esté libre de pecado que tire la primera piedra.
proverbio toscano	Quien tenga tejas de cristal que no tire piedras al vecino.
proverbio italiano	El que la hace la paga.
proverbio toscano	Quien se excusa se acusa.
proverbio francés	Una buena consciencia es una dulce almohada.
proverbio lombardo	Quien está bien consigo mismo está bien con todos.

proverbio toscano	La consciencia vale por mil acusadores y por mil testigos.
proverbio malayo	El pecado del que se arrepiente es el padre de la virtud, pero la virtud de la que nos vanagloriamos es la madre de los pecados.
proverbio indio	Una consciencia culpable es un enemigo viviente.
proverbio inglés	La consciencia es el elemento más elástico del mundo.

Consejo

Paul J. Bailey	Los peores hombres dan los mejores consejos.
La Rochefoucauld	Nada se da más alegremente que los consejos.
Terencio	Resulta fácil, cuando se está bien, dar consejos a los enfermos.
Niccoló Tommaseo	Dad el consejo a tiempo y daréis pocos. No me deis consejos, sé equivocarme por mí mismo.
proverbio toscano	Hombre avisado, medio salvado.
proverbio toscano	El consejo ni se alaba ni se sigue.
proverbio escocés	Tres pueden decidir de forma satisfactoria si dos están ausentes.
proverbio español	Un consejo sin ayuda es como un cuerpo sin alma.
proverbio armenio	Cuando el daño está hecho todos saben aconsejarte.
proverbio danés	El consejo a posteriori es como la lluvia tras la cosecha.
proverbio español	Quien se aconseja a sí mismo se enfada.
proverbio francés	El que piensa como nosotros es un auténtico hombre de valor.
proverbio turco	Quien te aconseja comparte tu deuda.

proverbio chino	Los buenos consejos llegan hasta el corazón del sabio y se detienen en los oídos del malvado.
proverbio italiano	La sal y los consejos sólo se dan a quien los pide.
proverbio judío	Aunque tengas sesenta consejeros, aconséjate primero a ti mismo.
proverbio italiano	Quien recurre a poco saber obtiene un mal parecer.
proverbio toscano	Quien persigue al sapo cae en el pozo [es decir quien sigue malos consejos se arrepiente].
Luigi Settembrini	No es grande el hombre que sabe mucho, sino el que mucho ha meditado.
proverbio francés	Solamente los imbéciles no cambian de opinión.
proverbio italiano	A fuerza de ir con un cojo se aprende a cojear.

Constancia

Honoré de Balzac	La constancia es el fondo de la virtud.
Gottfried Kinkel	El hombre labra su suerte.
August Friedrich Kotzebue	La tenacidad se confunde a veces con la obstinación.
Jonathan Swift	En este mundo no hay nada más constante que la inconstancia.
Cicerón	La dedicación exclusiva a una sola cosa acaba a menudo con el ingenio y el arte.
proverbio alemán	La perseverancia es la virtud gracias a la cual las demás virtudes dan su fruto.
Ovidio	O no empieces una cosa o acábala.
	La constancia es el fondo de la virtud.
proverbio francés	La constancia en amores es el recurso de los feos.

Consuelo

Eduard Mörike   Quien está alegre no ha consolado nunca a nadie.

Voltaire   Todos sufrimos, pero hablar nos consuela.

Conversación

Giacomo Leopardi   Cosa odiosa es hablar mucho de uno mismo.

Coraje

proverbio chino   Hay que apagar primero la arrogancia y después el incendio que provoca.

proverbio chino   Si te peleas con un borracho recuerda que ofendes a un ausente.

Gabriele D'Annunzio   El corazón es el compañero más fuerte.

Hugo Foscolo   El coraje no autoriza a atropellar al débil.

William Shakespeare   La mejor parte del valor es la discreción.

William Makepeace Thackeray   El coraje no pasa nunca de moda.

proverbio chino   El coraje, como el amor, es hermano de la esperanza.

proverbio chino   El que sabe lo que es justo y no lo hace no tiene valor.

proverbio milanés   *Memento audere semper.** («Recuerda que debes arriesgarte siempre»; la sigla MAS indicaba simplemente un tipo de lancha rápida militar, pero Gabriele D'Annunzio la interpretó como el lema mencionado, que hoy en día incita al coraje y se dice jocosamente a los tímidos.)

* En dialecto milanés en el original. (N. de la T.)

proverbio milanés	Vale más el latón que el oro [significa que el valor y la desenvoltura generan más dinero].
proverbio berberisco	El hombre valiente tiene doble suerte.
proverbio ruso	Si no eres valiente no acuses a la espada de no tener filo.
proverbio ruso	El valiente no conoce la soledad.
proverbio inglés	El que sabe sufrir sabe vencer.
proverbio sueco	El valiente puede caminar con los ojos cerrados.
proverbio italiano	El que tiene miedo envalentona al adversario. Quien no se arriesga no compra.
proverbio toscano	Ayúdate que Dios te ayuda.
proverbio toscano	Quien nada arriesga nada consigue.
proverbio castellano	Al hombre osado la suerte tiende la mano.
proverbio escocés	Nada hay más valiente que un caballo ciego.
proverbio italiano	El valor no sólo está en el brazo sino también en la cabeza.
proverbio vasco	El mundo es de los valientes pero también de aquellos que les hacen frente.

Corazón

Costance Amiel-Lafayre	Cuanto más vacío está un corazón más pesa.
Andrea Chénier	El arte hace versos, pero sólo el corazón es poeta.
Labouisse-Rochefort	Para el corazón no hay nada pequeño.
Jean de La Bruyère	El corazón, más que el ingenio, nos hace sociables y afables.
Hipólito Nievo	La razón se hace adulta y vieja; el corazón siempre es un muchacho.

Jean Paul Richter	En las mujeres todo es corazón, incluso la cabeza.
George Sand	El intelecto busca, pero quien encuentra es el corazón.
León Tolstoi	En el corazón del hombre reside el principio y el fin de todo.
proverbio latino	Sigue los impulsos de tu corazón.
Biblia	Un corazón tranquilo es la vida del cuerpo.
proverbio árabe	Lava tu corazón como se lava un vestido.
proverbio belga	El corazón humano se asemeja al barco que navega sin vela. Rara vez, frente a los vientos, encuentra su camino.
proverbio chino	El fondo del corazón está más lejos que el fondo del mundo.
proverbio latino	El corazón no sabe mentir.
proverbio persa	La sed del corazón no se apaga con una gota de agua.
proverbio chino	El espíritu intenta seguir el mismo camino que el corazón, pero no llegará nunca tan lejos.
proverbio africano	El corazón es un guía que los pies siguen.
proverbio chino	Quien da su corazón limita su boca.
proverbio danés	Cuando hay paz en el corazón, hay paz en casa. El corazón es una riqueza que no se compra ni se vende, se regala.
proverbio chino	No tengáis en cuenta lo que vuestro corazón dice sobre la almohada. El corazón necesita un segundo corazón.
proverbio francés	El corazón tiene forma de urna. Es un recipiente sagrado lleno de secretos.

Corona

Napoleón   Dios me la ha dado, ¡ay de quien la toque!

Cortesía

Mary Wortley Montagu   La cortesía no cuesta nada y lo compra todo.

proverbio universal   La cortesía es una llave que abre todas las puertas.

proverbio chino   Inclinaos reverentemente frente a quien os haga una reverencia.

proverbio indio   Se espera perfume de una flor y gentileza de un hombre.

proverbio africano   Una persona cortés no es nunca una persona inútil.

proverbio armenio   Las buenas maneras hacen soportable la falta de virtud.

proverbio italiano   Con un poco de cortesía se tragan las píldoras más amargas.

dicho italiano   Hay que divertir para hacerse querer y hacerse querer para ser apreciados: se encuentra todo el mérito en aquel que sabe deleitar y el hombre amable pasa por hombre hábil.

Credulidad

Paul Sidney   La única desventaja de un corazón honesto es la credulidad.

Crimen

traducción italiana del latín
Cui prodest?   Autor del delito es el que obtiene beneficio de él.

Crítica

Philip Chesterfield   Los mejores autores son siempre sus más severos críticos.

Jules Renard	Un crítico debe decir siempre la verdad. Pero también debe conocerla.
Pierre Veber	La gran fuerza de Dios está en permitir que el hombre lo blasfeme.
proverbio francés	La crítica es el arte de hacer resucitar a los muertos y de matar a los vivos.
proverbio francés	El crítico es un ciego que discute los colores del arco iris.
proverbio inglés	La crítica de los estúpidos es el incienso del genio.

Crueldad

Michel de Montaigne	La cobardía es madre de la crueldad.
proverbio árabe	La crueldad es la fuerza de los cobardes.
proverbio latino	El triunfo de los crueles es breve.
proverbio kurdo	Criar un hijo cruel es preparar el propio infierno.
proverbio inglés	No incluyas en la lista de tus amigos al hombre que aplasta sin necesidad un gusano.
dicho francés	Los animales feroces no se matan nunca por placer. Sólo el hombre lo hace.

Culpa

Franz Grillparzer	Existe un remedio para cualquier culpa: reconocerla.
Wang Bun	La mala conciencia hace cobardes a los hombres.
proverbio inglés	La conciencia es cobarde y la culpa que no tiene fuerza para impedir rara vez es lo suficientemente justa como para acusar.
proverbio italiano	Gallina que canta ha puesto un huevo.

Cultura

proverbio inglés	Cultura es aquello que permanece en la memoria cuando se ha olvidado todo.
proverbio americano	Un hombre bien educado, sabio y valiente es el fin hacia el que tiende la naturaleza.
Carlo Dossi	Guárdate de las ideas que llenan la memoria sin generar nuevas ideas.
William Hurrell Mallock	La cultura no es un sucedáneo, sino la llave de la vida.
proverbio italiano	Saber de pobre no vale un duro.

Curiosidad

proverbio inglés	El undécimo mandamiento es: que no te interesen los asuntos de los demás.
proverbio yugoslavo	El curioso busca las debilidades de los demás como consuelo de las suyas.
proverbio alemán	Guárdate del curioso como del ladrón.
proverbio árabe	El curioso roba tu intimidad sin el riesgo de pasar por ladrón.
proverbio serbio	El curioso tiene cien ojos y ningún alma.
proverbio italiano	Quien mete las narices en todas partes a menudo huele mal.
proverbio francés	La curiosidad es mujer.

Dar

proverbio italiano	Dar es corazón, pedir es dolor.
proverbio francés	Quien no sabe dar sabe recibir.
	El que da grandes cosas quiere a cambio grandes cosas.

Deber

Alexandre Dumas, hijo	El deber es lo que se exige a los demás.
proverbio inglés	El deber se reconoce fácilmente: es aquello que menos deseamos hacer.
proverbio escocés	Un deber fácil no es un deber.

Debilidad

proverbio chino	Aun conociéndolo, el cura y la mariposa caen en el fuego.
proverbio chino	El hombre débil se ahoga en un vaso de agua.

Decir

proverbio latino	Si ofendes serás ofendido.

Defectos

proverbio chino	El jorobado no ve su joroba (hay quien ve la paja en el ojo ajeno y no ve la viga en el suyo).
Moritz Goldschmidt	Los pequeños defectos gustan más que las grandes cualidades.
Petronio	Nadie está libre de pecado.
Publilio Siro	De los defectos de los demás, el sabio corrige los suyos.
proverbio turco	Por amor a la rosa se soportan las espinas.
proverbio latino	El miedo a los pequeños defectos hace crecer los grandes.
proverbio libanés	Si el camello pudiera verse la joroba, se caería al suelo de vergüenza.
proverbio serbio	Un buen caballo tiene muchos defectos, un mal caballo sólo tiene uno.

Delito

Gotthold Ephraim Lessing
: Si se colgase a todos los ladrones, ¡cuántas horcas se necesitarían!

Edward George Lytton
: El que no puede alegar ninguna excusa para un delito no tiene defensa.

Democracia

Raymond Burke
: En toda forma de gobierno el verdadero legislador es el pueblo.

James Russel Lowell
: La democracia proporciona a cada uno el derecho de ser su propio opresor.

Derecho

proverbio latino
: Es lícito responder a la fuerza con la fuerza.

proverbio latino
: La justicia debe llegar hasta el ladrón.

proverbio francés
: Allí donde reina la fuerza el derecho huye.

proverbio italiano
: El derecho de los pobres no es más que llanto.

Derroche

dicho chino
: Monedas de oro para el gato. (Dar margaritas a los cerdos.)

proverbio chino
: ¿De qué le sirve el pan al que no tiene dientes? Daros por satisfechos con un tazón de arroz.

Desconfianza

proverbio toscano
: El corazón no se ve.

proverbio toscano
: Piensa mal y acertarás.

proverbio toscano
: Entre la gente recelosa, conversar es algo malo.

Denis Diderot
: El mismo riesgo encierra la credulidad excesiva y la total desconfianza.

proverbio alemán	Si el erizo fuese más inteligente, no necesitaría armarse con tantas espinas.
Arturo Graf	No os fiéis de quien nadie se fía.
proverbio americano	Los hombres no sospechan culpas que ellos no cometen.
Voltaire	El que desconfía invita a que lo traicionen.
proverbio latino	Guárdate del perro mudo y de las aguas quietas.

Descontento

Charles Dickens	Yo soy más sensible que los demás. [Se recuerda la frase cuando alguien quiere justificar sus deseos basándose en las sensaciones de su ánimo y de su intelecto.]
proverbio inglés	Algunos se burlan de los demás porque los demás tienen lo que ellos querrían tener.
proverbio danés	Quien no está contento con lo que tiene, no estaría contento aunque tuviese todo aquello que dice desear.
Oscar Wilde	El descontento es el primer paso hacia el progreso de un hombre o de una nación.

Deseo

Ludovico Ariosto	Lo más prohibido es lo más deseado.
Jean de La Bruyère	La vida es corta y aburrida; nos la pasamos deseando.
Michel de Montaigne	Prohibirnos algo significa despertar nuestros deseos.
Hipólito Nievo	No deseando nada se posee todo.
Pierre Veber	Cuando se desea fervientemente algo, se consigue.
Voltaire	Quien sabe limitar sus deseos es rico siempre.
Horacio	Quien obtiene lo suficiente no debe desear más.
Plauto	Buscando cosas inciertas, perdemos las ciertas.
Publilio Siro	Quien desea poco necesita poco.

Arturo Graf	Los deseos son como los escalones de una escalera, cuantos más subes menos contento estás.
proverbio inglés	El hombre necesita poco aquí abajo, y ese poco por no mucho.
proverbio chino	A menudo el deseo de lo que no tienes no te permite disfrutar de lo que posees.
proverbio francés	Los deseos más fuertes que la voluntad, tras haber creado el mundo, lo sostienen en pie.
Lucrecio	Siempre nos parece que el bien más grande es aquello que nos falta; si lo conseguimos suspiraremos por otro bien con el mismo ardor.
Ovidio	Tendemos hacia lo prohibido y deseamos aquello que nos es negado.
proverbio chino	No desear significa tranquilidad.
proverbio americano	Un hombre que consiga la mitad de sus deseos dobla sus pesares.
proverbio francés	Una manga deseada acorta los brazos.

Desesperación

proverbio español	La desesperación convierte a un hombre infeliz en hombre débil.
proverbio italiano	Renuncia sólo cuando estés bajo tierra.
proverbio noruego	Si vences la desesperación vencerás otras batallas.

Desgracia

Séneca	El oro se pone a prueba con fuego; los hombres con las desgracias.
William Shakespeare	Las desgracias no vienen nunca solas, sino en batallones.
Aristóteles	La virtud sale a relucir con las desgracias.
proverbio africano	El dolor es antiguo.
proverbio africano	Las desgracias tienen los oídos sensibles.

proverbio americano	Si un desgraciado sube a una montaña, las piedras le caen encima, incluso de abajo hacia arriba.
proverbio francés	No existen desgracias razonables.
proverbio ruso	A los desgraciados les salen gusanos en la sal.
proverbio turco	Toda desgracia es una lección.
proverbio turco	Las desgracias no entran nunca por la puerta que les hemos abierto.

Deshonestidad

proverbio chino	Al hombre deshonesto le es muy útil el azar.
proverbio chino	Dar a manos llenas significa repartir en pequeñas partes lo que fue robado a lo grande.
proverbio americano	La democracia también genera hombres deshonestos.

Desprecio

Hugo Foscolo	El desprecio no es un sentimiento general.
Alain Tournier	Si el desprecio puede proporcionar algún alivio, no consuela nunca.
proverbio chino	No tires tierra en el pozo que te ha dado agua para quitarte la sed; no desprecies la puerta de la casa que cierras a tus espaldas con los pies. [No escupas en el plato en el que has comido y no desprecies la casa que te ha hospedado.]

Destino

proverbio árabe	Las preocupaciones del mañana pertenecen al mañana.
proverbio ruso	Un hombre se salva de un naufragio en alta mar y se ahoga en la playa.
proverbio ruso	Si caminas deprisa alcanzas a la desgracia; si vas despacio la desgracia te alcanza a ti.

proverbio inglés	Si os dejáis caer en un pozo la providencia no os sacará de él.
proverbio francés	El destino no puede arrebatarnos lo que nos ha dado.
proverbio latino	Cada uno es artífice de su propia suerte.
proverbio yugoslavo	El destino vende lo que creemos que nos ha regalado.
proverbio italiano	El que está destinado a romperse el cuello, encuentra una escalera en la oscuridad.
proverbio inglés	Quien está destinado a ser ahorcado, no morirá nunca atropellado.
proverbio chino	Las estrellas están en el cielo para recordar a los mortales cuál es su meta.
proverbio chino	Un pulgar más adelante y todo estará oscuro [es decir, el futuro es desconocido].
La Fontaine	A menudo se encuentra el propio destino en el camino que se había tomado para evitarlo.
Algernon Charles Swinburne	El destino es un mar sin olas.
proverbio chino	El sino domina a los mortales. Nadie tiene una vida propia en la vida.
proverbio chino	A menudo el verdugo es asesinado.
proverbio chino	El ojo del hombre sabio se ciega cuando el destino llama a su puerta.

Desventura

proverbio italiano	Después de cerrar la puerta cierra también la ventana [es decir, no dejes que la suerte decida por ti si no eres un hombre afortunado].
proverbio árabe	Quien lleva consigo un puñado de esperanza no tiene derecho a inscribirse en la lista de los desafortunados.

proverbio africano	Un hombre desafortunado saldría seco aunque lo metiesen en un recipiente lleno de manteca de cerdo.
proverbio chino	La desventura no viene sola, contesta a la llamada de los hombres.
proverbio ruso	Tras haber atravesado los mares, se puede perecer en un riachuelo.

Deudas

Johan Gabriel Carlen	Sólo hay dos formas de pagar las deudas: intentando aumentar la deuda o intentando disminuir los gastos.
Benjamin Disraeli	La deuda es madre de una numerosa prole de locuras y delitos.
proverbio inglés	Una vez los deudores han tomado todo el préstamo posible, comienzan a temer la compañía de sus acreedores.
proverbio americano	Deudas de honor es una expresión donde el honor está mal utilizado.
proverbio italiano	Las deudas son una buena gimnasia para el cerebro.
proverbio japonés	El infierno llega cuando al finalizar el año, no somos capaces de pagar nuestras deudas.
proverbio toscano	Tomar prestado y no devolver es vivir sin gastar.
proverbio italiano	Los acreedores tienen mejor memoria que los deudores.

Día

proverbio chino	Con gallo o sin gallo los dioses hacen salir cada mañana el sol.
proverbio italiano	El día para viajar, la noche para dormir.

Diablo

proverbio francés	Allí donde el diablo no llega, llega su madre.
proverbio inglés	Quien está en el infierno no supone que existe el cielo.
proverbio inglés	Se condena quien quiere asustar al diablo.
proverbio español	Es mejor visitar el infierno vivo que muerto.
proverbio español	Más sabe el diablo por viejo que por diablo.
proverbio alemán	Hasta el diablo tiene sus derechos.
proverbio alemán	El diablo mira su cola cuando no sabe qué hacer.
proverbio eslavo	El diablo no alcanzará nunca a un ladrón que haya robado un caballo.
proverbio italiano	No es posible comerse al diablo sin tragarse los cuernos.
proverbio eslavo	Haced el bien al diablo, y como recompensa tendréis el infierno.

Dignidad

John Dryden	No tiene dignidad quien no osa alabar al enemigo.
proverbio árabe	Abandona la ciudad en la que no eres respetado, aunque esté construida con piedras preciosas.
proverbio español	Aunque tu bolsillo esté vacío, procura que tu sombrero esté recto.
proverbio inglés	Procura que el espejo en que te miras no te haga nunca enrojecer.
proverbio chino	Nos gusta llamar príncipe a un rey aunque el apelativo le rebaje el rango.

Dinero

Jean de Bonnefon	Un escudo es una hostia de plata que contiene un falso dios viviente.
Nicholas de Chamfort	Despreciar el dinero es destronar un rey: ¡Qué atractivo!

Carlo Dossi	Edad del oro se llamaba aquella en que no había oro.
Ben Jonson	La bolsa pesada hace ligero al corazón.
Molière	El dinero es la llave que abre todas las puertas.
Friedrich Von Schiller	Sólo cuando está madura, cae la fruta de la suerte.
Luigi Settembrini	El mundo valora poco lo que le cuesta poco.
William Shakespeare	El oro vale más que veinte oradores.
proverbio francés	No hay más que poetas y mujeres para tratar al dinero como se merece.
Cicerón	Con dinero todo se consigue.
proverbio universal	El dinero no da la felicidad... pero ayuda.
Sacha Guitry	Se dice que el dinero no da la felicidad; sin duda se refiere al dinero de los demás.
	Cuando se trata de dinero somos todos de la misma religión.
proverbio toscano	Si quieres ver a un hombre feo, mira bien a un hombre sin dinero.
proverbio veneciano	Quien lo gana sufre, quien lo encuentra goza.
proverbio cristiano	Los dineros del sacristán cantando vienen y cantando se van.
proverbio indio	Si un objeto es caro al comprarlo llorarás un poco, si es barato llorarás siempre.
dicho véneto	El dinero obceca la justicia.
proverbio polaco	No se puede comprar nada con un «gracias».
proverbio francés	No se devuelve el dinero cuando se han levantado las tiendas [es decir cuando el negocio ha concluido].
proverbio italiano	El crédito está muerto; los malos pagadores lo han matado.
proverbio italiano	Las cosas tienen el valor que se les da.
proverbio francés	Los negocios son el dinero de los demás.
proverbio indio	Engáñame si quieres en el precio, pero no me engañes en la mercancía.

proverbio francés	El precio alto da sabor a la vianda.
proverbio turco	La miel es una cosa, su precio otra.
proverbio inglés	Se puede pagar el oro demasiado caro.
proverbio italiano	Quien más gasta menos gasta.
proverbio africano	Si vas a un país extranjero no te hospedes en la casa de un rico.
proverbio americano	Los ricos se ven superados por sus problemas, mientras que los pobres están siempre dispuestos a olvidarse de ellos.
proverbio árabe	No confíes en la fortuna hasta que no hayas entrado en la tumba.
proverbio armenio	La riqueza da belleza a los feos, pies ágiles a los lisiados, ojos a los ciegos e interés a las lágrimas.
proverbio chino	Quien no tiene oro no es noble, de la misma forma que un caballo sin avena no engorda.
proverbio francés	Siempre es demasiado caro aquello que realmente no nos sirve.
proverbio milanés	*I danee van e vegnen.** (El dinero viene y va.)
proverbio inglés	Cualquier tonto puede ganar dinero, pero sólo un hombre hábil sabe gastarlo.
proverbio inglés	Quien quiera dinero que lo siembre.
proverbio español	Si todo lo que reluce fuese oro, el oro valdría mucho menos.
proverbio toscano	Donde más riqueza abunda, más te hundes.
proverbio turco	Dinero prestado se va riendo y vuelve llorando.
proverbio véneto	*I soldi no i ga gambe, ma i core.*** (El dinero no tiene piernas pero corre.)
proverbio ruso	Quien tiene dinero se mete en el bolsillo a quien no tiene.
proverbio romano	Si dinero no tienes, mujer no tomes.
proverbio sueco	El amor se inclina hacia el bolsillo.
proverbio indio	Al decir «dinero» hasta un muerto abre la boca.

*   En milanés en el original. (N. de la T.)
** En veneciano en el original. (N. de la T.)

proverbio indio	El dinero es la espada que separa a los amigos inseparables.

Diplomacia

Francis Bacon	Todos los cetros tienen la punta curvada.
Alain Decourcelle	Diplomacia: el camino más largo entre dos puntos.

Discusión

John Morley	No se ha convertido a un hombre porque se lo haya reducido al silencio.
Antoine Rivarol	Quien tenga razón, que ría y no monte en cólera.

Divinidad

proverbio árabe	Si Dios no perdonase, el paraíso estaría vacío.
proverbio chino	No hay dioses ni demonios: sólo son invenciones de los hombres.
proverbio español	Dios mide el frío según la ropa.
proverbio español	Dios da pan al que no tiene dientes.
proverbio toscano	Dios provee por aquellos que creen.
proverbio toscano	Hay que querer lo que Dios quiere.
proverbio iraní	No hay que ir hacia Dios sin ser invitados.
proverbio ruso	Confía en Dios pero cuida de tus negocios.
proverbio brasileño	Dios escribe recto sobre líneas torcidas.
proverbio búlgaro	Donde hay amor hay Dios.
proverbio chino	Los dioses acceden a los ruegos del corazón pero no a los de la boca.
proverbio chino	Quien turba la venganza de los dioses, la atrae sobre sí.
proverbio chino	En el libro de los dioses están escritas cada lágrima y cada sonrisa.

proverbio chino	Los molinos de los dioses muelen muy despacio, pero la harina es mucho más amarga.
San Agustín	Se entiende mejor la Divinidad ignorándola.
Victor Hugo	Dios es el invisible evidente.
Blaise Pascal	Es el corazón, y no la razón, la que siente a Dios.
Anatoile Rivarol	Es más pío creer en Dios que hablar de él.
Voltaire	Si Dios no existiese, habría que inventarlo.
León Tolstoi	Dios existe; pero no tiene ninguna prisa para demostrarlo.
proverbio chino	Los ojos ven bien a los dioses a través de las lágrimas.
proverbio chino	Las miradas de los dioses son como los rayos del sol que se pone: iluminan todas las puertas.
proverbio chino	Negar la existencia de los dioses es como saltar un foso con los ojos vendados.
proverbio chino	La bendición de los dioses está siempre sobre la olla.
proverbio chino	Los dioses lo llevan a cabo todo en silencio.
proverbio chino	Quien no teme a los dioses debe ser temido por los hombres.
proverbio italiano	Dios los crea y ellos se juntan.
proverbio chino	Los dioses no levantan nada que luego no puedan bajar.
proverbio chino	Los dioses se ocupan de quien cree en la ayuda de los dioses.
proverbio chino	Las cosas del cielo las ven solamente los que cierran los ojos y creen en ellas.
proverbio italiano	No se mueve una hoja que Dios no quiera.
proverbio italiano	El hombre propone y Dios dispone.
proverbio francés	El hombre se agita, Dios lo guía.
	La naturaleza es lo mismo que Dios.
Evangelio	Si Dios está con nosotros, ¿quién estará en contra nuestra?

Dolor

proverbio chino	Soporta una pequeña ofensa y evitarás una ofensa grave; sufre una pequeña pérdida y evitarás una pérdida mayor.
proverbio francés	La felicidad junta, pero el dolor une.
Cicerón	El dolor, si es grave, es breve; si es prolongado es ligero.
proverbio inglés	Nada expresa mejor nuestra angustia que el silencio.
Gabriele D'Annunzio	La voluntad se templa en el dolor.
Jean Dolent	La desesperación es el dolor de los débiles.
Fagus (Georges Eugene Failler)	El dolor es un amigo fiel.
Fénelon (François de Salignac de la Motte)	Quien no sabe sufrir no tiene un gran corazón.
Carlo Vini	El dolor por sí solo es el rey de la tierra eternamente y la suerte da con la derecha y quita con la izquierda.
dicho italiano	El dolor no duerme nunca: vela inexorablemente, vela cual marido celoso porque el mundo es suyo, porque al dormirse teme aflojar las garras, teme que la presa se le escape.
Hugo Foscolo	El exceso de desgracias nos enmudece.
Anatole France	Aprended a sufrir: sabiendo sufrir, se sufre menos.
proverbio indio	No es el placer... únicamente el dolor libera el mundo.
proverbio alemán	El auténtico dolor es vergonzoso.
Victor Hugo	La desgracia educa la inteligencia.
proverbio oriental	No existe un hombre sin disgustos; y si existe uno, no es un hombre.
Séneca	Los pequeños dolores son locuaces, los grandes callan estupefactos.
Talmud	Dios hace sufrir a aquellos que ama.
Marcial	Es sincero el dolor de quien llora en secreto.
proverbio chino	El hombre amigo del dolor es amigo de los dioses.

proverbio italiano	Dolor comunicado pronto disminuye.
	Los disgustos nunca vienen solos.
proverbio inglés	Un corazón lleno de dolor es una carga.
proverbio francés	El dolor es como la enfermedad: para unos es benigna, para otros aguda.
proverbio francés	Hay lágrimas para el dolor, pero no hay para las grandes desgracias.
proverbio danés	Hay que sufrir mucho o morir joven.
proverbio alemán	El dolor es el gran maestro de los hombres. Bajo su influjo se desarrollan las almas.
Fedor Dostoyevski	Sufrir y llorar significa vivir.
proverbio italiano	Los grandes dolores son mudos.

Duda

proverbio holandés	La inteligencia le ha sido dada al hombre para dudar.
proverbio latino	La duda es la madre del saber.

Economía

Cesare Cantù	Gasta siempre menos de lo que ganas.
proverbio americano	Un duro ahorrado es un duro ganado.
proverbio toscano	Cuando la señora enloquece, perjudica a la criada.
proverbio toscano	Honra más un ducado en la bolsa que cien gastados.
Theodor Fontane	Una economía justa no olvida nunca que no siempre se puede ahorrar.
proverbio latino	Son más las comidas que los días [hace referencia a las personas que no son precavidas a la hora de gastar y corren el riesgo de no tener recursos suficientes para las cosas fundamentales, como por ejemplo alimentarse].
proverbio toscano	Quien va a caballo de joven va a pie de viejo.
proverbio toscano	Quien tiene poco gasta menos.

proverbio italiano	El ojo del amo engorda al caballo.
proverbio toscano	El ama de casa que se va al campo gasta más de lo que gana [es decir, la mujer que no atiende la casa y sale a divertirse no economiza].
proverbio latino	Los pequeños arroyos forman los grandes ríos.
proverbio serbio	Guarda tres monedas de oro y encontrarás la cuarta.

Edad

proverbio lombardo	Cada edad tiene su color.
proverbio escocés	No hay viejo sano que no acabe muriéndose.
proverbio chino	No tiene sentido vivir como un enfermo hasta los noventa años para morir sano a los noventa y uno. [Dícese de quien prodiga excesivos cuidados a su cuerpo y su salud.]
proverbio persa	La borrachera de juventud es más fuerte que la de vino.
proverbio francés	Quien comete locuras de joven, de viejo tiene escalofríos.
proverbio chino	La cosecha de todo el año depende de la siembra de verano.
proverbio libanés	Si cuidas el capullo, la rosa será hermosa [es decir, si la juventud es debidamente guiada, la edad adulta será rica en cualidades positivas].
proverbio francés	La edad que se desearía tener, estropea la que se tiene.
proverbio polaco	La primera cosa que saben las mujeres es que son bellas; la primera cosa que aprenden es lo fuertes que son; la primera cosa que experimentan es lo débiles que son; la primera cosa que olvidan es lo viejas que son, y la primera de la que se acuerdan otra vez es de que la han olvidado.

Educación

proverbio chino	La educación empieza con la poesía, se refuerza con una conducta correcta y se manifiesta a través de la música.
Gustave Flaubert	La vida debe ser una continua educación.
proverbio latino	Quien bien ama, castiga bien.
William Shakespeare	Mejor una pequeña regañina que una gran angustia.
Confucio	Donde hay educación no hay distinciones de clase.
proverbio chino	La educación es más importante para el hombre que el nacimiento.
proverbio inglés	Hay que doblar la rama mientras es joven.
proverbio africano	Un perro sigue siendo un perro aunque haya sido criado por leones.
proverbio chino	La naturaleza nos hace hermanos, pero la educación nos divide.

Egoísmo

William E. Gladstone	El egoísmo es la mayor maldición de la raza humana.
proverbio africano	Quien deja desnuda a su madre ciertamente no vestirá a su tía.
dicho italiano	Tirar el agua al propio molino.
proverbio suizo	Cuando el vecino se divorcia cada uno piensa en su propia mujer.
proverbio latino	Nadie es segundo para sí mismo.
Giacomo Leopardi	El egoísmo ha sido siempre la peste de la sociedad, y cuanto mayor es peor es la sociedad.

Ejemplo

proverbio alemán	Un noble ejemplo hace fáciles las acciones difíciles.
Lyndon Johnson	El ejemplo es más efectivo que los preceptos.

Mark Twain	Pocas cosas en el mundo son tan insoportables como un buen ejemplo.
proverbio francés	El sermón construye y el ejemplo destruye.
proverbio suizo	Las palabras son de los enanos, los ejemplos de los gigantes.
proverbio italiano	Predica con el ejemplo.
proverbio indio	Persiguiendo sombras no se adquiere sustancia.
proverbio italiano	Una acción vale más que cien palabras.
proverbio americano	El ejemplo es la lección que todos los hombres pueden leer.
proverbio ruso	No ordenes partir; parte, y los débiles te seguirán.

Ejército

	Las bayonetas sirven para todo, menos para sentarse encima.
proverbio inglés	Por dieciocho sueldos al mes para matar a la gente el asesinato resulta barato.
proverbio español	Soldado que huye, bueno es para otra vez.

Elocuencia

proverbio chino	A menudo las buenas palabras confunden la noción del bien y del mal.
La Rochefoucauld	La auténtica elocuencia consiste en decir lo que se debe y nada más.
proverbio americano	La magia de la lengua es el más peligroso de todos los encantos.
proverbio inglés	Si no tienes nada que decir, no digas nada.
Tales de Mileto	Muchas palabras no son signo de mucha sabiduría.
proverbio milanés	Es más valiosa la lengua que la azada.
proverbio griego	Los maestros nos enseñan el arte de hablar y los sabios el arte de callar.
proverbio italiano	Mata más la lengua que la espada.

proverbio italiano	Por la boca muere el pez.
proverbio toscano	Quien predica bien, razona mal.
proverbio italiano	Las palabras no se comen.
proverbio tibetano	Que tu palabra sea dulce como la miel, audaz como el león, aguda como la flecha, firme como un cinturón ajustado.
	A veces el silencio vale más que mil palabras.
Michel de Montaigne	La elocuencia es el arte de engañar y adular.

Enemigo

proverbio francés	Un enemigo ocupa más lugar en nuestra cabeza que un amigo en nuestro corazón.
Christian Gellert	Quien no puede beneficiarte como amigo, siempre puede perjudicarte como enemigo.
proverbio francés	El sabio teme a su enemigo.
proverbio africano	Un enemigo inteligente vale más que un amigo tonto.
proverbio español	No nos libramos nunca de nuestros enemigos porque nuestros enemigos somos nosotros mismos.
proverbio americano	Los enemigos más peligrosos son aquellos que el hombre no tiene en cuenta a la hora de defenderse.
	Quien no puede soportar tener enemigos no es digno de tener amigos.
proverbio alemán	Un enemigo muerto vale lo que un amigo indiferente.
proverbio chino	No golpees nunca a tu enemigo cuando esté en el suelo; podría ser más alto que tú cuando se levante.
Oscar Wilde	No hay diligencia que valga al escoger a nuestros enemigos.
proverbio iraní	El que tiene un solo enemigo, se lo encontrará en todas partes.

proverbio chino	De niños todos hermanos, de mayores todos enemigos.
proverbio chino	Si tienes un enemigo, siéntate en la orilla del río y espera a que pase su cadáver.
proverbio español	Un enemigo declarado es menos peligroso que un amigo ambiguo.
proverbio finlandés	No le pidas a un enemigo que te trate mejor de lo que tú le tratarías.
proverbio italiano	Los enemigos te hacen sabio.

Enfermedad

Remy de Gourmont	La enfermedad, la vejez, la muerte, son tres grandes humillaciones para el hombre.
proverbio latino	El médico cura, pero la que sana es la naturaleza.
proverbio latino	La enfermedad viene a caballo y reparte a pie.
proverbio francés	Un vaso roto dura más que uno entero.
proverbio italiano	Más vale prevenir que curar.
proverbio italiano	Una enfermedad lleva a otra.
Séneca	Para sanar nada está más contraindicado que cambiar a menudo de medicamentos.
proverbio chino	El médico se cansa tanto con la larga enfermedad como con la breve.

Engaño

proverbio portugués	Ningún hombre engaña a las mujeres, en general se engañan ellas solas.
La Rochefoucauld	El propósito de no engañar a los demás, nos expone al peligro de ser engañados.
proverbio inglés	La persona más fácil de engañar es uno mismo.
Nicolás Maquiavelo	En cualquier acto es detestable usar el engaño.
proverbio alemán	Nada produce mayor placer que engañar al farsante.
proverbio italiano	El engaño regresa a casa del farsante.

proverbio árabe	La primera vez que me engañas la culpa es tuya, pero la segunda vez la culpa es mía.
proverbio francés	Con el zorro compórtate como un zorro.
Friedrich von Schiller	Falsos son los bienes de esta tierra.
proverbio chino	No el anzuelo o la caña, sino el cebo engaña al pez.

Entusiasmo

proverbio alemán	El entusiasta es medio dios.
proverbio suizo	El estúpido teme el entusiasmo porque es enemigo de su pereza.
proverbio latino	Entusiásmate para vivir.

Envidia

Esquilo	No es feliz el hombre al que nadie envidia.
proverbio inglés	La envidia es una especie de cumplido.
La Rochefoucauld	La envidia es más reconciliable que el odio.
proverbio francés	La envidia es la más involuntaria y la más halagadora de las lisonjas.
Molière	Los envidiosos morirán, pero la envidia no morirá nunca.
Salustio	La envidia acompaña la gloria.
proverbio toscano	Hastío y envidia no mueren nunca.
proverbio alemán	La envidia se envidia a sí misma.
dicho italiano	En el mundo hay algunos que, incapaces de sobresalir ni un pulgar, intentan levantarse sobre las ruinas de los demás.
proverbio latino	La envidia se corroe a sí misma.
proverbio latino	La envidia es un pecado «inmortal».
La Rochefoucauld	Nuestra envidia dura siempre más que la felicidad de los que envidiamos.
proverbio latino	Mísera es aquella suerte que no genera envidia.
proverbio americano	La envidia es la venganza de los incapaces.

Plutarco	Al igual que el hierro es consumido por el óxido, los envidiosos son consumidos por su propia pasión.
Biblia	La envidia es la caries de los huesos.
proverbio tibetano	La luna se oscurece al acercarse el sol.
proverbio chino	Es mejor ser envidiado por el vecino que ser compadecido por tu propia mujer.

Equilibrio

proverbio chino	Quien posee un equilibrio estable difícilmente se tambalea; quien sujeta con fuerza su presa no suelta fácilmente lo que posee.
proverbio griego	En el centro está el equilibrio.
proverbio inglés	La razón está entre la espuela y la brida.
proverbio japonés	Con el viento la rama dura se rompe; la flexible nunca está recta.
proverbio finlandés	En los extremos del bosque la leña escasea; en el corazón del bosque la leña es excesiva.

Error

proverbio chino	Equivocarse sin corregirse: esto se llama equivocarse.
Wolfgang Goethe	En cuanto abrimos la boca, empezamos a equivocarnos.
dicho italiano	Se equivoca hasta el cura diciendo misa.
Wolfgang Goethe	El hombre que busca se equivoca.
proverbio inglés	El error de toda mujer es culpa del hombre.
proverbio alemán	El hombre se equivoca por temor a equivocarse.
E. J. Samuel Phelps	El hombre que no se equivoca, no hace nunca nada.
proverbio americano	Para la salud del mundo, mejor es un pío error que sostiene, que la fría sabiduría que destruye.
proverbio ruso	Todo error contiene algo de verdad y cada

verdad puede ser semilla de error.

Voltaire
Se dice una tontería, y a fuerza de repetirla acabamos creyéndonosla.

Friedrich von Schiller
Sólo el error es la vida, y el saber la muerte.

proverbio americano
El error es una planta tenaz: crece en cualquier parte.

proverbio chino
El hombre que comete un error y no lo corrige, comete dos errores.

proverbio chino
El hombre que hace mucho se equivoca mucho;
el hombre que hace poco se equivoca poco;
el hombre que no hace nada nunca se equivoca.
Equivocarse es algo que nos afecta a todos;
sólo el ignorante persevera en el error.
Errar es humano, olvidar es divino.
Errar es humano, perseverar es diabólico.

proverbio danés
Un viejo error tiene más crédito que una nueva verdad.

Esclavitud

Abraham Lincoln
Si la esclavitud no es injusta, nada es injusto.

Escritores

Hugo Foscolo
Los poetas empiezan a vivir sólo cuando mueren.

proverbio alemán
No hay escritor, por modesto que sea, que no piense en ser algo.

Escritura

Papa Pío II
Escribe poco, porque escribiendo mucho antes o después te traicionas.

dicho inglés	Que se le mantenga alejado de papel, pluma y tinta; así podrá dejar de escribir y aprenderá a pensar.
proverbio francés	Escribir es un placer secreto y pecaminoso.
proverbio ruso	Quien escribe mucho desvaría.
proverbio chino	El que disfruta insultando a la gente con sus escritos es como una bruja; el que disfruta adulándola es como un quiromántico.

Escuela

proverbio francés	Ser aburrida es el peor pecado de la instrucción.
dicho francés	Qué es la escuela sino una pérdida de tiempo.
proverbio africano	La primera escuela es la propia madre.
León Tolstoi	Toda instrucción seria se adquiere con la vida, no con la escuela.
Carlo Dossi	La cátedra enseña a discutir pero no a vivir.
Alain Tournier	Precisamente empezamos en la escuela a no ser nosotros mismos.

Esperanza

proverbio chino	Para un largo viaje no debe confiarse el barco a una sola ancla, porque en la vida hay más de una esperanza.
proverbio chino	No tengas esperanza sin dudar un poco. No desesperes sin guardar un poco de esperanza.
Francis Bacon	La esperanza es un buen desayuno, pero una mala cena.
Beaumont and Fletcher	La esperanza no abandona nunca al infeliz que la busca.
Alexandre Dumas, padre	La esperanza es el mejor médico que conozco.
Benjamin Franklin	Quien vive esperando morirá ayunando.

proverbio francés	Donde la esperanza da un banquete son todos huéspedes.
Remy de Gourmont	La esperanza no se pierde aunque se esté desesperado.
proverbio americano	Donde no hay esperanza no puede haber esfuerzo.
proverbio rumano	Es alguien parecido al mendigo, pero la esperanza lo hace rico.
proverbio inglés	Todo le llega al que sabe esperar.
proverbio inglés	La esperanza es el pilar del mundo.
proverbio inglés	Cuesta mucho mantener los castillos en el aire.
proverbio francés	Hasta que un hombre no tiene la cabeza cortada nada está completamente perdido.
proverbio polaco	El señor me ha prometido un abrigo de piel y ya estoy sudando.
Biblia	Lo que los ojos ven es preferible a las invenciones de los deseos.
proverbio inglés	La esperanza mantiene la cabeza alta.
proverbio inglés	Sin esperanza el corazón se quebraría.
proverbio americano	La esperanza no es más que el sueño de los que velan.
Jean Paul Richter	La pobreza y la esperanza son madre e hija. Mientras uno se entretiene con la hija se olvida de la madre.
proverbio francés	La esperanza es la mayor de nuestras locuras.
proverbio francés	La esperanza es la fuente de nuestras maldades.
proverbio español	Hay esperanza en la certeza, y no hay certeza en la esperanza.
proverbio español	Quien vive esperando muere cantando.
proverbio toscano	La esperanza es un sueño en la vigilia.
Georg Rollenhagen	Es un pobre ratón el que sólo tiene un agujero del que huir.
proverbio chino	La rosa entre las oscuras hojas de un jardín sin cultivar es como la esperanza entre el sufrimiento.

proverbio chino	Por largo que sea el vestido de tu vida no sobrepasará la estatura de tu gigantesca esperanza.
Lin Yutang	Despierta más esperanza un capullo de rosa que todas las toneladas de filosofía teutónica.
proverbio italiano	La esperanza es un cebo que nos pone el futuro para engañarnos una vez más.
Virgilio	*Spes sibi quisque.* (Que cada uno confíe en sí mismo.)
proverbio italiano	La esperanza es la última en morir.

Esposa

proverbio chino	La esposa ideal es la que es fiel, pero intenta ser tan bella y amable como si no lo fuese.
proverbio chino	La esposa, siempre parca, no debe serlo con el marido.
proverbio chino	Azotando el cuerpo de la mujer se ajusta su virtud.
proverbio italiano	Mujer que se queja, marido que peca.
proverbio milanés	Esposa mojada, esposa afortunada.
proverbio chino	Los pájaros más bellos están enjaulados.
proverbio español	Una buena dote es un lecho de espinos.
proverbio español	Mira a tu suegra: así será tu mujer de vieja.
proverbio inglés	Ciertos maridos existen porque ciertas mujeres no han querido quedarse solteras.
proverbio italiano	Esposa hermosa te obliga a montar guardia.

Estaciones

proverbio véneto	Desde el día de santa Catalina o nieve o barro [es decir, a partir del 25 de noviembre empieza el invierno].
proverbio milanés	Cuando el sol se da la vuelta, a la mañana siguiente el agua llega a los pies [es decir, cuando el sol se pone tras las montañas, al día siguiente llueve].

proverbio italiano	Los muertos traen el buen o el mal tiempo [hace referencia a la festividad de todos los Santos, día en que cambia la estación].
proverbio veneciano	Un barbudo, un cano, un licenciado, si no nieva el invierno se ha acabado. [Se refiere a tres días del año, el 17 de enero, día de la festividad del barbudo San Antonio, el 19 de enero, día de la festividad del cano San Canoro, y el 27 de enero, día de la festividad del licenciado San Juan Crisóstomo; si en estos días no nieva es probable que el invierno se haya acabado.]
proverbio indio	El verano muere siempre ahogado.
proverbio italiano	Las estaciones son como una lima que trabaja sin ruido.
proverbio francés	Es mejor sudar que temblar [se refiere a la clemencia del verano respecto al invierno, pero también a la riqueza de quien puede permitirse calefacción y a la miseria de quien pasa la mala estación al sereno].
proverbio chino	Durante los meses de mal tiempo el agua corre hacia atrás. [Cuando las cosas van mal, van mal en todos los sentidos.]
proverbio serbio	Las estaciones construyen una fortaleza y la derruyen.
proverbio italiano	Enero desaloja las camas.
proverbio alemán	El invierno es el infierno de los míseros.

Estadística

Thomas Carlyle	Con las cifras es posible demostrarlo todo.

Estilo

San Bernardino de Siena	El que habla claro tiene el alma clara.

Ralph Waldo Emerson	El que ve con claridad la verdad no debe escoger las palabras. Ésta le proporciona las mejores palabras.
Séneca	El lenguaje de la verdad es simple y sin arte.
Luc de Vauvenargues	La claridad es la dote de los pensamientos profundos.

Estudio

Leonardo da Vinci	Así como comer sin hambre se convierte en una molestia, el estudio sin deseo estropea la memoria.
Michel de Montaigne	El provecho de los estudios consiste en ser mejores y más sabios.

Estupidez

proverbio latino	La flecha de un estúpido te pasa rozando.
proverbio vasco	¿Qué sabe hacer un estúpido? Deshacer lo que estaba bien hecho.
proverbio italiano	Buscar excusas para una tontería significa cometer otra.
proverbio turco	El sabio no dice lo que sabe, el estúpido no sabe lo que dice.
proverbio ruso	El estúpido elogia al estúpido.
proverbio japonés	El estúpido es como el ladrón de campanas que se tapa los oídos para no ser oído mientras roba.
proverbio ruso	El vino fermenta, la estupidez no.
proverbio alemán	Cuando Dios quiere que los huevos se rompan se los confía a un estúpido.
proverbio español	Si juegas con un estúpido en la intimidad, él jugará contigo en público.
proverbio español	Si el tonto no estuviese en el mercado no se venderían los saldos.

Exageración

Todo lo que es exagerado es insignificante.

Exceso

Pierde fuerza todo aquello que se exagera.

proverbio italiano Quien compra lo superfluo, venderá lo necesario.

proverbio griego El arco demasiado tenso se parte.

proverbio persa El camello ha reído hasta romperse los labios.

proverbio latino Lo mucho está en lo poco.

dicho italiano Dar el paso más largo que la pierna.

proverbio toscano Demasiados «amén» echan a perder la misa.

Exilio

proverbio latino La esperanza alimenta el exilio.

proverbio noruego Para el exiliado el recuerdo es el mejor alimento.

proverbio judío Para el exiliado cualquier tierra es amarga.

proverbio africano Para el exiliado cualquier pan sabe rancio.

proverbio griego La soledad es el fardo más pesado del exiliado.

Éxito

Walter Raabe Para salir adelante hay que parecer un poco loco.

proverbio chino No hables de tu éxito personal a uno que ha fracasado, y no olvides tus fracasos en los momentos de éxito.

proverbio chino Gana como si estuvieses acostumbrado a ganar. Pierde como si te divirtiese hacerlo por variar.

proverbio americano Para tener éxito no debes perseguirlo; debes cortarle el camino.

Experiencia

Amelot de La Houssaye	El mejor consejo lo da la experiencia; lástima que siempre llega demasiado tarde.
Albertine de Knorr	Desconfiad siempre de la experiencia de otros.
Leonardo da Vinci	La sabiduría es hija de la experiencia.
	La experiencia tiene la misma utilidad que un billete de lotería tras el sorteo.
proverbio latino	Experiencia es el nombre que cada uno da a sus propios errores.
proverbio árabe	Por la noche somos más precavidos gracias al día transcurrido.
proverbio chino	Actuar por experiencia es igual que decir que hay que haberse caído de un tejado para saber de qué se trata.
proverbio toscano	Sería mejor ser antes viejos y luego jóvenes.
proverbio italiano	Quien rompe paga, y los trozos son suyos.
proverbio italiano	Un día es maestro del siguiente.
proverbio lombardo	Quien se ha quemado, le teme hasta al agua fría.
proverbio italiano	Quien deja el camino viejo por el nuevo, sabe lo que deja pero no lo que va a encontrar.
dicho italiano	No se acaba nunca de aprender.
proverbio judío	Quien ha sido mordido por una serpiente, tiene miedo de una cuerda.
proverbio italiano	Equivocándose se aprende.
proverbio latino	Los herreros se hacen trabajando en la fragua.
Voltaire	Apenas hemos aprendido a instruirnos un poco, llega la muerte sin tener la experiencia.
	Estudiando se aprende a estudiar; obrando se aprende y nada más.

Falsedad

proverbio chino	No hagáis cumplidos inoportunos: es como hacer una reverencia en la oscuridad.
proverbio chino	Todo el universo es una posada, no busques un retiro de paz: todos son tus parientes, por lo que de todos espera alguna molestia.
	La mentira tiene las piernas cortas.
proverbio lombardo	El hablar falso desentona.
proverbio americano	Cuando mientes, el tono de tu voz es más alto.
proverbio belga	La falsedad se reconoce porque es fría.

Fama

proverbio chino	Que en tu patria se conozca tu nombre; en el extranjero tus ropas.
proverbio turco	No se conquista la fama sobre un lecho de plumas.
proverbio italiano	Coge fama y échate a dormir.
Remy de Gourmont	Hay que tener mucho ingenio para no naufragar en la popularidad.
proverbio italiano	El hambre entierra la fama.
proverbio americano	En la frente de un perezoso no crece nunca un laurel.
proverbio inglés	Se dice siempre que se es mejor que la propia fama.
proverbio indio	El brahamán que goza de buena fama no necesita el sillón sagrado.
dicho francés	El hambre y la fama son para algunos hombres dos necesidades a cubrir, y a veces la segunda es más fuerte que la primera.
George Byron	El resultado de la fama es rellenar cierta porción de cierto papel.
proverbio americano	El desprecio por la fama genera el desprecio por la virtud.

George Mackenzie	La gloria es una renta que pagamos sólo a nuestros espectros.

Familia

Sófocles	Quien es bueno en la familia, es buen ciudadano.
Talmud	La sociedad y la familia se parecen al arco de un palacio: quitas una piedra y todo se viene abajo.
proverbio chino	A menos que nos entrenemos para ser estúpidos y sordos, no nos convertimos en cabeza de familia.
proverbio chino	La rama se parece al tronco.
proverbio italiano	No hay peor pelea que la de sangre.
proverbio francés	Quien tiene mucho dinero tiene mucha familia.
proverbio africano	La parentela es un abrigo de espinas.
Evangelio	Los enemigos del hombre son sus parientes.
proverbio turco	El hogar es el trono desde el cual la mujer rige el mundo.
Silvio Pellico	La carrera de tus acciones empieza en la familia.
proverbio libanés	No se puede cambiar la sangre por agua.
proverbio italiano	La sangre no es agua.
proverbio francés	Sólo nos traicionan los parientes.
proverbio holandés	Para construir una familia no bastan cuatro patas bajo la mesa.
proverbio alemán	Son malas las llaves que sólo abren y no cierran.
proverbio birmano	Quien ofende a tu pariente te ofende a ti.
proverbio inglés	Se puede amar la propia casa aunque no tenga techo.
proverbio ruso	La familia es una cuerda cuyos nudos nunca se deshacen.
proverbio inglés	Cada uno guarda sus fantasmas en el armario.
proverbio italiano	Si el pariente no es bueno huye de él como del trueno.
proverbio lombardo	Los parientes del rico son como la grama.
proverbio chino	Los parientes del rico son tan numerosos como los granos de arroz de un arrozal.

proverbio asiático	La familia es como una gran manta: va bien cuando hace frío, pero molesta cuando hace calor. [Es decir, la presencia de la familia se acepta muy a gusto cuando se la necesita, pero resulta molesta cuando no se tienen problemas.]

Fanatismo

El fanático es un hombre que no puede cambiar de opinión y no quiere cambiar de tema.

Fantasía

proverbio español	La fantasía es la loca de la casa.
William Shakespeare	No hay nada bueno ni malo si no pensamos si nuestros actos son buenos o malos.
proverbio alemán	La fantasía es la primavera del alma.
proverbio belga	La fantasía es necesariamente inútil.
proverbio chino	Es difícil coger un gato negro en una habitación oscura, sobre todo cuando no está.
proverbio árabe	La fantasía es la droga de la mente.
frase berlinesa	La imaginación da fuerza.
proverbio francés	Nada se nos parece tanto como nuestras fantasías.
proverbio romántico alemán	La fantasía es el reposo del alma.
proverbio polaco	La fantasía, de hecho, es la cara oculta y secreta de la realidad.
proverbio americano	La fantasía consiste en perseguir un caballo sin moverse del sitio.
proverbio árabe	La fantasía es más veloz que el viento.

Fatalismo

proverbio inglés	Pregúntate todo a ti mismo, y nada a los demás.

Fatiga

dicho chino	Cuando un hombre se queja de la fatiga que soporta, obligadle a no hacer nada.
Theodor Fontane	A menudo poner las manos en el regazo significa tanto confiar en Dios como tentarlo.

Fe

proverbio americano	La fe fundada en la autoridad no es fe.
proverbio americano	Conquistadores son aquellos que creen poder conquistar.
Molière	En este mundo hay que creer en algo.
proverbio alemán	Predica la fe hasta que consigas tenerla, luego predicarás porque la tienes.
proverbio americano	El consenso es poder, la fe el alma del hecho.
proverbio italiano	No todos los que van a la iglesia son santos.
proverbio árabe	La verdadera mezquita es la que se alza en el fondo del alma.
Publilio Siro	Quien pierde la fe no puede perder más.
Blaise Pascal	Hay tres formas de creer: la razón, la costumbre, la aspiración.
proverbio véneto	Para creer hay que querer creer.
proverbio americano	El amor es un acto de fe, y quien tiene poca fe tiene poco amor.
proverbio francés	El hombre que conoce todo lo que la humanidad ha creído, ¿cómo es posible que siga creyendo?
proverbio francés	No ver, y creer en lo que no se ve, son elementos esenciales de la fe.
Thomas Browne	Creer sólo en posibilidades no es fe, sino simple filosofía.

Fealdad

proverbio escocés	Los feos se vengan de su fealdad en sus prójimos.
proverbio inglés	La belleza está a flor de piel pero la fealdad llega hasta la médula.
proverbio americano	Acepta tu fealdad como estímulo para la inteligencia.

Felicidad

proverbio chino	En el ánimo moran continuamente la felicidad y la infelicidad. De vez en cuando salen a dar un paseo.
anónimo	Ser felices quiere decir ver el mundo tal y como se desea.
anónimo	Si los hombres estuviesen tan satisfechos de su suerte como de sí mismos, serían en su mayoría felices.
Adalbert von Chamisso	Felicidad es sólo amor; únicamente el amor es felicidad.
Winston Churchill	Nuestras necesidades reales caben en un puño.
Theodor Fontane	Si se es feliz, no se debe desear ser más feliz.
Juvenal	Ningún hombre malo es feliz.
proverbio italiano	La felicidad consiste a menudo en el arte de saberse engañar.
Aristóteles	Manifestar libremente el propio genio; he aquí la felicidad.
proverbio francés	Sólo hay una forma de ser felices a través del corazón, y es no tenerlo.
proverbio americano	El placer puede fundarse en la ilusión, pero la felicidad reposa sobre la verdad.
proverbio francés	Cuando nos encontramos con la felicidad, no lleva nunca la ropa que habíamos imaginado.
proverbio americano	Existe también una felicidad que atemoriza al corazón.

Jean-Baptiste Lacordaire	La felicidad es la vocación del hombre.
proverbio inglés	El joven busca la felicidad en lo imprevisto, el viejo en la costumbre.
proverbio árabe	La felicidad consiste en compartir el propio placer con otra persona.
Carlo Dossi	La felicidad se compra antes con céntimos que con pesetas [es decir, se encuentra antes en las pequeñas cosas, en las más fáciles de obtener].
proverbio americano	Un hombre debería hacernos la vida y la naturaleza más agradables; si no no hacía falta que naciese.
Giacomo Leopardi	Cada uno es tan infeliz como cree serlo.
Giacomo Leopardi	La felicidad consiste en la ignorancia de la verdad.
Mme. de Maintenon	Que vuestra felicidad no dependa de los demás.
Eduardo Pailleron	Tan sólo tenemos la felicidad que hemos dado.
proverbio árabe	Para disfrutar hay que empezar por olvidar.
proverbio alemán	La felicidad y el arco iris nunca se ven en la propia casa, sólo en casa de los demás.
Romain Rolland	La felicidad consiste en conocer los propios límites y apreciarlos.
proverbio francés	La felicidad no es cosa de risa.
Curcio	La felicidad es soberbia.
Théophile Gautier	La vida es tan extraña que la felicidad de uno significa la infelicidad de otro.
Anatole France	La vida enseña que no se es feliz si no es a costa de cierta ignorancia.
proverbio francés	La felicidad es una cosa monstruosa y los que la buscan son castigados.
Jules Renard	La felicidad consiste en buscarla.
proverbio africano	La felicidad nos busca como nosotros la buscamos a ella.
proverbio africano	La felicidad es como un león insaciable.
proverbio francés	Por una alegría mil dolores.

Séneca	¡De cuánta niebla nos envuelve la mente una gran felicidad!
Tácito	La felicidad hace al hombre perezoso.
proverbio chino	Sólo se puede competir en felicidad con los dioses cuando se posee pan y agua.
proverbio asiático	La felicidad dura un minuto; la infelicidad el resto de tu vida.
proverbio alemán	Si quieres vivir feliz trágate tu dolor.
proverbio alemán	La felicidad no reside en las cosas sino en el hombre.
proverbio chino	Toda alegría está destinada al que tiene el corazón contento: para quien lleva siempre sombrero el cielo está lleno de sombra.
proverbio chino	Recogemos sólo la felicidad que hemos dado a manos llenas, sin pedir nada a cambio.
proverbio toscano	En la felicidad razón, en la infelicidad paciencia.
proverbio toscano	Un buen día vale por un mal mes.
proverbio judío	El peor enemigo es una felicidad demasiado prolongada.
proverbio chino	Feliz es aquel que aprieta sobre su pecho por una noche o por un año, a una amiga con la faz de luna.
proverbio chino	Si se quiere coger una rosa con el tallo largo, no hay que temer a las espinas. [La felicidad se conquista sólo con sacrificios.]
proverbio judío	La alegría es el mundo de la libertad.
proverbio americano	Hoy un amigo mío entra en la fosa y otro en el tálamo; quizás éste sea feliz, pero aquél lo es sin duda alguna.
proverbio francés	El verdadero secreto de la felicidad consiste en exigirse mucho a uno mismo y poco a los demás.
proverbio francés	Hay que sonreír antes de ser felices, a menos que se quiera morir sin haber sonreído nunca.
Joseph Leonard	El hombre se cansa primero de los males, pero a la larga se cansa también de los bienes.

proverbio francés	Tener todo lo necesario para ser feliz, no es una buena razón para serlo realmente.
Blaise Pascal	Buscamos la felicidad y sólo encontramos miseria y muerte.
proverbio portugués	Me basta un rincón junto a la chimenea, un libro y un amigo, un sueño breve, no atormentado por las deudas.
proverbio chino	El hombre que te parece feliz a menudo es más infeliz que tú.
proverbio inglés	No hay que reírse de la felicidad.
proverbio toscano	La bonanza amenaza borrasca.
proverbio chino	La felicidad de una casa tranquila se valora cuando la paz deja de existir.
proverbio finlandés	Quien mira hacia atrás no va hacia la felicidad.
proverbio indio	Un corazón feliz es un filtro mágico para hacer oro.
proverbio napolitano	Quien es feliz habla poco.
proverbio finlandés	En la felicidad, el corazón se funde como la nieve en primavera.
proverbio americano	No existe felicidad sobre la tierra que no lleve su contrapeso de desgracias.
proverbio francés	Aunque esté justificada, la felicidad siempre es un privilegio.
proverbio chino	Ningún hombre puede ser feliz si no se aprecia a sí mismo.
proverbio americano	El mejor sistema para no ser felices consiste en buscar únicamente la felicidad.
proverbio chino	El hombre más feliz es aquel que proporciona felicidad a los demás con un poco de arroz.
	La felicidad es una recompensa que llega a quien no la busca.
proverbio universal	El dinero no da la felicidad.
Woody Allen	El dinero no da la felicidad; imaginemos, pues, la miseria.

proverbio danés	La felicidad da la vista a un ciego.
	Las felicidades que gustan no duran demasiado.
proverbio chino	No digas que eres feliz hasta que tu enemigo se haya ido.
proverbio francés	Felicidad de hoy, dolor de mañana.
proverbio iraní	La única felicidad consiste en la espera de la felicidad.
Séneca	La felicidad no moderada se destruye sola.
León Tolstoi	El secreto de la felicidad no consiste en hacer siempre aquello que se desea, sino en desear siempre aquello que se hace.
proverbio japonés	La felicidad no crece en el huerto del envidioso.
proverbio sardo	Busca la felicidad en tu casa y no en la del vecino.

Ficción

Quien no sabe fingir no sabe reinar.

Fidelidad

Con la fidelidad del perro se puede contar hasta la muerte, con la fidelidad de la mujer hasta la primera ocasión.

proverbio español	Hoy en día *Fidel* es tan sólo el nombre de un perro.
Evangelio	Nadie puede servir a dos amos.
proverbio americano	La fidelidad es una virtud que ennoblece incluso a la servidumbre.
Victor Hugo	La fidelidad de muchos hombres se basa sólo en la pereza, la fidelidad de muchas mujeres en la costumbre.
proverbio ruso	La fidelidad se encuentra sólo en las perreras.
proverbio chino	La mujer infiel tiene remordimientos, la mujer fiel añoranza.

Filosofía

Thomas Hobbes	Antes vivir y luego filosofar.
proverbio francés	La auténtica filosofía se ve en la conducta y no en las palabras.
Cicerón	No puede decirse nada absurdo que no haya sido dicho ya por algún filósofo.
Claude Adrien Helvétius	No es extraño que tan pocas veces se entienda a los filósofos desde el momento que ni siquiera ellos a veces se entienden.
Michel de Montaigne	Filosofar no es más que prepararse para la muerte.
proverbio francés	Hay que saber ser profundos con claridad y no con oscuras palabras.
Voltaire	Las disputas metafísicas son como los globos llenos de aire, explotan, sale el aire y no queda nada.

Fuerza

proverbio chino	Si el viento es fuerte, cede al viento; si la lluvia es fuerte, cede a la lluvia; si el sol quema, cúbrete la cabeza.
proverbio chino	El elemento más blando del mundo atraviesa el más duro.
proverbio chino	Un montón de gotas desborda el río.
proverbio chino	Truena y se mueve la montaña: luego nace un ratoncito.
proverbio francés	La justicia sin fuerza y la fuerza sin justicia son dos grandes desgracias.
Wilhelm Raabe	En este mundo los fuertes se ríen poco, pero ni siquiera con las lágrimas nos demuestran que les hemos hecho daño.
proverbio español	Cede ante la fuerza y sé condescendiente con la debilidad.

proverbio chino	La gentileza vence a la fuerza, los peces deben dejarse en el estanque profundo y las armas afiladas deben permanecer donde nadie pueda verlas.
proverbio francés	Exagerar la propia fuerza equivale a traicionar nuestra debilidad.
proverbio véneto	Es mejor hacer las cosas por amor que por la fuerza.
proverbio francés	Contra el trueno de nada vale tocar la trompeta.
proverbio inglés	Frente a las garras del león, de poco sirve la astucia del zorro.
proverbio italiano	Contra la fuerza la razón no vale.
proverbio alemán	No hay nada superior al dominio de la fuerza.
proverbio latino	La fuerza languidece allí donde falta el coraje.

Fugacidad de la condición humana

Horacio	Somos polvo y sombra.
Francesco Petrarca	Cosa bella mortal pasa y no dura.
proverbio italiano	Muerto un papa se hace otro.
proverbio español	A rey muerto, rey puesto.

Futuro

proverbio chino	El que no se preocupa del futuro que se avecina ciertamente se evita un dolor.
proverbio chino	Corremos sin pensarlo hacia un precipicio con los ojos tapados.
proverbio chino	Si aún eres joven no vuelvas a tu país. Una vez allí morirás de añoranza.
Gaspar Gozzi	No queramos prever los años y meses venideros ni escrutar con los ojos del intelecto lo que ha de venir; y no nos extrañe ver a casi todos los hombres preocupados, con los ojos en blanco y

melancólicos, siempre agobiados, lamentándose de que la suerte es ciega.

proverbio medieval italiano   El futuro está en manos de Dios.

Generosidad

proverbio chino   Todo árbol da sombra a quien se lo pide.

Wolfgang Goethe   Sólo el que da es un hombre feliz.

proverbio francés   La clemencia es parte de la justicia.

proverbio francés   La generosidad no precisa salario; se paga a sí misma.

proverbio alemán   Los dedos del hombre están divididos; para dar y no para conservar.

Giuseppe Mazzini   La falta de generosidad del vencedor resta mérito y frutos a la victoria.

proverbio belga   Nada es más loable que la generosidad... sin exagerar.

proverbio turco   Quien pide una cosa enrojece una vez; quien rechaza enrojece dos.

proverbio irlandés   Cuanto más alta es la montaña, más corta es la hierba.

proverbio chino   Quien ama a los demás será a su vez amado.

proverbio lombardo   Quien vale para coger vale para ofrecer.

proverbio griego   La filantropía es hermana gemela de la piedad.

proverbio chino   Los objetos donados se parecen al donante.

proverbio indio   Si te regalan una caña de azúcar, no exijas que te paguen para chuparla.

proverbio ruso   Cuando le regales una nuez a alguien, dale también algo para abrirla.

proverbio latino   La generosidad es un estado del alma.

proverbio español   Sé generoso para que la tierra sonría.

proverbio escocés   La generosidad es un mal vicio.

proverbio árabe   Quien te obliga a ser generoso no es generoso.

Genio

Delphine de Girardin	Toda superioridad es un exilio.
proverbio francés	El genio no es más que el ingenio de un hombre muerto.
Alphonse Marie Louis Lamartine	El genio es un gran dolor.
proverbio belga	Los hombres grandes empiezan a vivir tras su muerte.
Gustave Flaubert	Vivimos en un mundo en el que se viste con ropa bien confeccionada. Peor para vosotros si sois más altos que los demás.
La Rochefoucauld	Sólo los grandes hombres tienen grandes defectos.
Bulwer Lytton	El ingenio persuade, pero el genio exalta.
Sthendal	Sólo los dioses son maldecidos.
proverbio francés	Hacer con facilidad aquello que los demás consideran difícil es talento; realizar aquello que es imposible para el talento es genio.
	El genio sin ingenio es como una barca sin remos.
Oscar Wilde	No tengo nada que declarar, excepto mi genio.
proverbio francés	Los grandes genios, al igual que los edificios altos, deben contemplarse desde la distancia adecuada.
proverbio chino	Se mide una torre por su sombra, y a un gran hombre por sus detractores.
Victor Hugo	Los genios son una dinastía. Llevan todas las coronas, incluidas las de espinas.
proverbio ruso	Las semillas que esparcen las naturalezas geniales germinan despacio.
proverbio danés	El pedernal no da chispa sin eslabón; lo mismo sucede con el genio sin arte.
proverbio español	Genio y figura hasta la sepultura.

Gentileza

Mary Wortley Montagu	La gentileza no cuesta nada y lo consigue todo.

Gloria

Siete ciudades ricas se disputan a Homero muerto: y Homero vivo mendigó pan en ellas.

Barbey d'Aurevilly · El mejor destino es tener mucho ingenio y permanecer en la sombra.

Calderón de la Barca · Al caer, no se pierde la gloria de haber ascendido.

Voltaire · Un minuto de felicidad vale más que mil años de gloria.

proverbio árabe · La gloria nos viene de los demás.

Honoré de Balzac · La gloria es un veneno que hay que beber en pequeñas dosis.

proverbio francés · Cuando llega la memoria, la memoria se va.

Honoré de Balzac · La gloria es como el sol, parece cálida y luminosa a distancia, pero si se nos acerca es fría como la cima de una montaña.

proverbio francés · La gloria vana florece mucho, pero lleva hojas y no frutos.

proverbio italiano · No se alcanza la gloria sin fatiga.

Gustave Flaubert · ¿Qué es la gloria? Conseguir que digan muchas tonterías sobre nosotros.

Wolfgang Goethe · Tejer una corona es mucho más fácil que encontrar una cabeza digna de ella.

proverbio latino · La gloria camina junto a la virtud.

proverbio italiano · Para alcanzar la gloria hay que despreciarla.

proverbio americano · Sólo un césar vive, otros mil son olvidados.

proverbio americano · La tumba es el templo de la gloria; la muerte es la inmortalidad.

Plutarco · La gloria, al igual que la luz, es más útil para aquellos que sienten sus efectos.

William Shakespeare · La gloria es como un círculo en el agua, que no cesa de extenderse hasta que, a fuerza de expandirse, se pierde en la nada.

anónimo	La gloria es como la comida: no hay que mirar cómo se prepara.
Tácito	La posteridad otorga a cada quien el honor que merece.

Gobierno

Carlo Bini	Quien no sabe gobernar, es un usurpador.
Confucio	El que no sabe gobernarse a sí mismo, ¿cómo puede gobernar a los demás?
Anatole France	Gobernar significa crear descontentos.
proverbio inglés	El viento y las olas están siempre del lado de los navegantes.
Wilhelm von Humbolt	El mejor gobierno es el que se vuelve inútil.
Napoleón	Un hombre de estado debe tener el corazón en la cabeza.
Pánfilo Narváez	Gobernar es resistir.
proverbio danés	Los gobiernos son las velas, el pueblo es el viento, el estado el barco y el tiempo el mar.
dicho francés	Un gobierno tiránico es un estado en que el superior es despreciable y el inferior es despreciado.
proverbio italiano	Saber gobernar es saber escoger.
John Selden	Los que más gobiernan son los que hacen menos ruido.
Confucio	El gobierno es bueno cuando hace felices a los gobernados y atrae a los que viven lejos.
Wolfgang Goethe	Intentad confundir a los hombres; satisfacerles es difícil.
proverbio alemán	El derecho electoral es la esencia misma de la constitución.
Nicolás Maquiavelo	El ministro debe morir más rico en buena fama y benevolencia que en tesoros.
Séneca	Nadie ha conservado por mucho tiempo un poder ejercido con violencia.

proverbio chino	El gobierno del hombre sensato será estable.
proverbio chino	Cuando un hombre gobierna un pueblo debe comportarse como si estuviese adorando a los dioses.
proverbio chino	El príncipe que ama la justicia sabrá gobernar con justicia.
proverbio francés	Nunca se debe legislar aquello que se puede hacer por tradición.
Montesquieu	Las leyes inútiles debilitan a las necesarias.
proverbio popular	Llueve, ¡gobierno ladrón!
	Divide et impera. (Divide y vencerás.)
Confucio	El gobernante debe en primer lugar cuidar su propia virtud.
proverbio italiano	¡Trabajo eterno! Paga el gobierno.
Alphonse Karr	Cuanto más cambia el gobierno menos cambian las cosas.
	Cada pueblo tiene el gobierno que se merece.
proverbio chino	Si la gente de las clases inferiores no confía en la gente que está por encima, el gobierno del pueblo es imposible.
proverbio chino	Quien sabe ganar no empieza una guerra.
proverbio danés	Si la autoridad no tiene orejas para escuchar, no tiene cabeza para gobernar.
Jenofonte	La mayor de las imposturas es pretender gobernar a los hombres sin ser capaz.
William Shakespeare	Si dos montan en un caballo uno tiene que ir detrás.
León Tolstoi	Es más fácil hacer leyes que gobernar.
proverbio bantú	El conductor de elefantes debe tener en cuenta la dirección en que van.
proverbio francés	Al gobernar mira a los hombres como son y a las cosas como deberían ser.

Grandeza

proverbio chino	Los mármoles y los grandes son fríos, duros y brillantes.
Winston Churchill	No hay mayor delito que la audacia de sobresalir.
William Shakespeare	Los espíritus impávidos trepan en seguida a las coronas.
proverbio francés	En las grandes puertas golpean grandes vientos.
proverbio francés	Incluso los errores son acontecimientos importantes para los grandes.
proverbio serbio	Cuanto mayor es la cabeza más fuerte es la migraña.
proverbio armenio	No aconsejo a un gato que estrangule a un león.
proverbio malayo	Los grandes ceden ante la vergüenza y los pequeños ante el miedo.
proverbio ruso	Las disputas de los grandes se leen en la espalda de los criados.
Walter Broome	Excepto los grandes, nadie es completamente infeliz.
John Dryden	El deseo de grandeza es un pecado divino.
proverbio americano	Ser grande significa ser un incomprendido.
proverbio alemán	Los grandes hombres son el índice de la humanidad.
proverbio prusiano	Los pigmeos son siempre pigmeos, aunque vivan en los Alpes, y las pirámides son pirámides aun en los valles.
Wendell Phillips	Al final todo hombre encuentra su Waterloo.
proverbio italiano	Mucho peligro, mucha ganancia.
proverbio latino	A una gran justicia corresponde una gran ofensa. Los grandes espíritus no andan por los caminos trillados.
William Shakespeare	Las calabazas vacías hacen más ruido.
proverbio revolucionario francés	Los grandes nos parecen grandes sólo porque estamos de rodillas: levantémonos.

Gratitud

La Rochefoucauld	El bien que hemos recibido de alguien debe hacernos respetar el mal que de él nos llega.
William Shakespeare	Mendigo como soy, soy pobre hasta en agradecimientos.
	La gratitud es la memoria del corazón.
proverbio chino	Un perro agradecido vale más que un hombre ingrato.
proverbio alemán	El trigo y la gratitud sólo crecen en una buena tierra.
proverbio inglés	Quien da al hombre agradecido presta en usura.
proverbio alemán	La petición es cálida, el agradecimiento frío.
La Rochefoucauld	El reconocimiento en la mayor parte de los hombres no es más que un fuerte y secreto deseo de recibir nuevos beneficios.
proverbio ruso	Un gran «gracias» no se guarda en el bolsillo.
proverbio italiano	La gratitud es una gran recompensa.

Guerra

proverbio francés	La guerra y la piedad no se conocen.
proverbio toscano	La guerra hace a los ladrones y la paz los cuelga.
proverbio árabe	No hay paz posible si no es tras la guerra.
proverbio indio	La mujer de un soldado es siempre una viuda.
proverbio judío	La mujer y el gato hacen las paces sobre una carroña.
proverbio inglés	La guerra genera más bandidos de los que mata.
proverbio español	Los cuadros y las batallas son bonitos de lejos.
proverbio latino	Los soldados deben temer más a sus generales que al enemigo.
George Byron	La sangre sólo sirve para lavar las manos de la ambición.
dicho alemán	La guerra es la cura de hierro de la humanidad.

proverbio alemán	Un buen soldado debe pensar en tres cosas: en el rey, en Dios y en nada.
proverbio portugués	La paz con una porra en la mano es la guerra.
George Washington	Estar preparados para la guerra es uno de los medios más eficaces para conservar la paz.
Benjamin Franklin	No ha existido nunca una guerra buena o una paz mala.
Friedrich von Logau	Luchar contra sí mismo es la guerra más difícil; vencerse a sí mismo es la victoria más bella.
Duque de Wellington	Sólo una batalla perdida puede ser más triste que una batalla ganada.
Plinio	No hay ni que temer ni que provocar la guerra.
proverbio chino	El conquistador más grande es el que derrota al enemigo sin un solo golpe.
proverbio chino	La guerra utiliza lo mejor del hombre para hacer el peor de los males.
	Si quieres la paz prepara la guerra.
proverbio italiano	Guerra, peste y carestía siempre van en compañía.
Erasmo de Roterdam	La guerra es dulce para aquellos que la ven de lejos.
proverbio americano	No con sueños, sino con sangre y hierro se crean las naciones.
Virgilio	No hay salvación en la guerra.

Gula

proverbio árabe	Vive sobrio y serás tan rico como un rey.
proverbio francés	Gran comilón, gran tacaño.
proverbio árabe	Cuanto menos come el hombre, más se ilumina su corazón.
Victor Hugo	La indigestión es la moraleja que al estómago envía Dios.
Séneca	¿Te sorprende que las enfermedades sean tan numerosas? Cuenta cuántos cocineros existen.

proverbio alemán	Hay que comer como un hombre sano y beber como uno enfermo.
proverbio latino	Muchos platos, muchos males.
proverbio mongol	El sabio habla de las ideas, el inteligente de los hechos, y el hombre vulgar de lo que come.
proverbio inglés	Quien come bien bebe bien, quien bebe bien duerme bien, quien duerme bien no peca y quien no peca va derecho al cielo.
proverbio inglés	El comer bien es hermano del beber bien.
proverbio persa	Bebe vino puesto que ignoras de dónde vienes; vive contento puesto que ignoras donde irás.
proverbio italiano	La dieta adecuada empobrece al médico.
proverbio africano	Se captura al pájaro por las patas y al hombre por el estómago.

Gusto

proverbio latino macarrónico	*De gustibus non est disputandum.* (Sobre gustos no hay disputas.)
proverbio chino	Cada cual tiene los gustos que desea: aceite hirviendo y col amarga.
proverbio toscano	El hombre al que le gusta beber habla siempre del vino.
proverbio latino	El sabor del beneficio es bueno.

Habilidad

Es una gran habilidad saber ocultar la habilidad propia.

Habitantes

En cada país hay algo que sobra: habitantes.

Hábitos

dicho francés	La vida demuestra que los hábitos son más útiles que las máximas; porque el hábito es una máxima viviente convertida en instinto y carne.
	La vida no es más que una mezcla de hábitos.
Beaumarchais	El uso a menudo es un abuso.
Georges Couterline	Se cambia más fácilmente de religión que de café.
David Hume	La costumbre es la gran guía de la vida humana.
Junius	Un precedente crea otro; se acumulan y se convierten en ley.
proverbio chino	Aun quien no tiene costumbres, tiene siete.
proverbio chino	El hombre que logra vencer sus propios hábitos se mantiene siempre joven.
proverbio chino	La costumbre conduce al hombre a muchas locuras. La mayor, la de ser su esclavo.
	La costumbre es una gran fuerza.
	La costumbre ejerce una especie de dominio sobre nosotros.
proverbio toscano	No hay que precipitarse a costumbres nuevas.
proverbio italiano	Caballo viejo no cambia.
proverbio toscano	El que ha vestido sotana, siempre huele a cura.
	Lo que se usa no hace excusa [es decir, no basta que una cosa o comportamiento sean habituales para que sean lícitos].
proverbio italiano	Las novedades duran tres días, y cuando son importantes no duran más de ocho.
proverbio italiano	El uso hace la ley.
	El uso es pretexto de muchos abusos.
proverbio toscano	La rana acostumbrada al pantano, si está en el monte vuelve al llano.
Michel de Montaigne	La costumbre es realmente una maestra prepotente y socarrona: nos insinúa poco a poco, a escondidas, su autoridad.

Hacer

Ludovico Antonio Muratori	No haciendo nada se aprende a hacer mal las cosas.
proverbio italiano	El que la hace la paga.
proverbio italiano	Hacer mal está mal, hacer bien no conviene.

Hambre

proverbio africano	La vista no calma la barriga.
proverbio italiano	Las privaciones son la causa de todas las tentaciones.
proverbio italiano	El hambre echa al lobo del bosque.
proverbio alemán	Por hambre se ganan las guerras.
proverbio toscano	Vientre lleno no entiende al hambre.
proverbio indio	El hambre no tiene gusto.
proverbio belga	No es el caballo el que tira, sino la avena.
proverbio italiano	Cuando el hambre crece, el orgullo disminuye.
Biblia	No se debe despreciar al hambriento que roba para comer.
proverbio alemán	El hambre es la mejor cocinera.
proverbio italiano	El hambre es mala consejera.
proverbio árabe	El hambre es la sal de todos los platos.
proverbio inglés	Un hombre hambriento ve lejos.
proverbio inglés	El hambre atraviesa paredes.
proverbio escocés	La única ventaja del hambre es que no te deja sentir la sed.
proverbio irlandés	La barriga vacía es un fardo pesado.
proverbio turco	Poca sopa, pocos pensamientos.
proverbio turco	El perro hambriento no teme al león.
proverbio italiano	El hambre convierte las habas en almendras.

Herencia

proverbio italiano	Se heredan dinero y deudas.

proverbio italiano	Loco está el que cree en las lágrimas de un heredero.
proverbio polaco	De la nieve no sale más que agua.
Biblia	Los hijos heredan las culpas de los padres.
proverbio árabe	Si el padre es ajo y la madre cebolla, ¿cómo puede oler bien el hijo?
proverbio irlandés	La gota de sangre mala, dura hasta la séptima generación.

Heroísmo

Ralph Waldo Emerson	Un héroe al final resulta molesto.
proverbio ruso	Los héroes que saben sacrificarse mejor, son los que mejor saben matar.
proverbio americano	Cualquiera puede caer por descuido en el heroísmo.

Hijos

proverbio chino	Un padre con muy poco cría a su hijo, el hijo con mucho no sacia el hambre de su padre.
Cicerón	El amor por los padres es el fundamento de todas las virtudes.
proverbio chino	Sólo quien tiene hijos puede entender el amor de los padres.
proverbio italiano	Una hija ayuda a casar a la otra.
proverbio italiano	Los hijos son el bastón de la vejez.
proverbio kurdo	Un hijo puede convertirse en príncipe; una hija se convertirá en madre.
proverbio toscano	Hijos sin dolor, madre sin amor.
proverbio chino	Si quieres a tu hijo déjalo viajar.
Francis Bacon	Los hijos mitigan las fatigas, pero hacen las desgracias más amargas.
Alexandre Dumas, padre	Cuantas más lágrimas le ha costado el hijo a la madre, más le quiere.

proverbio chino	Para el cuervo el canto de su hijo es como el canto del ruiseñor.
Biblia	Acaricia a tu hijo y te amedrentará, bromea con él y te entristecerá.
proverbio latino	De tal palo tal astilla.
proverbio toscano	Los niños y los pollos nunca están hartos.
proverbio chino	Lo que sostiene el pedestal de barro del mundo es el suspiro puro de tus hijos.
proverbio italiano	El padre debe ser el amigo, el confidente y no el tirano de sus hijos.
proverbio alemán	El pábilo es negro y feo y la llama tan bella: y sin embargo es su hija.
proverbio chino	Hay dos cosas perdurables que podemos dejar en herencia a nuestros hijos: las raíces y las alas.
proverbio italiano	Hijas, viñas y huertos guárdalos de los vecinos.
proverbio italiano	Hijos pequeños dolor de cabeza, hijos grandes dolor de corazón.
proverbio chino	Si al niño se le permiten todos los caprichos, será la vergüenza de su madre.
proverbio chino	El amor del padre es el hijo, el amor del hijo es su hijo.
proverbio español	De tal palo, tal astilla. [De tal padre, tal hijo.]

Hipocresía

Congreve	Quien primero grita «¡al ladrón!», suele ser el que ha robado el tesoro.
Helvetius	Somos impostores sólo cuando lo somos a medias.
proverbio francés	Estamos tan acostumbrados a ser hipócritas con los demás, que acabamos por ser hipócritas con nosotros mismos.
La Rochefoucauld	La hipocresía es un homenaje que el vicio le hace a la virtud.
Mme. de Maintenon	Mejor el pecado que la hipocresía.

proverbio toscano	Aguas calmadas estropean los puentes.
proverbio toscano	El cocodrilo se come al hombre y luego llora su muerte.

Historia

dicho belga	Ese enorme montón de polvo llamado historia.
proverbio inglés	Los hombres de todas las épocas se parecen. La historia es útil no porque en ella se lea el pasado, sino porque en ella se lee el porvenir.
Voltaire	La parte más filosófica de la historia consiste en dar a conocer las tonterías de los hombres.
proverbio latino	La historia es testimonio de los tiempos, luz de la verdad, vida de la memoria, maestra de la vida, mensajera de la antigüedad.

Hombre

proverbio chino	Según Confúcio el hombre debe vivir como pueda y no como quisiera.
proverbio chino	El mayor poder que poseemos es el de ser nosotros mismos.
proverbio francés	El diluvio fracasó: quedó un hombre.
Claudio	Nada es más miserable que un hombre que lo quiere todo y no puede nada.
Confucio	El hombre noble debe hablar poco y actuar rápido.
Ralph Waldo Emerson	De todas formas los hombres son siempre mejores de lo que parecen.
San Bernardo	El hombre es fango.
Biblia	No alabes a nadie antes de la muerte.
proverbio alemán	El hombre es lo que come.
William S. Gilbert	El hombre es el único error de la naturaleza.
proverbio francés	El hombre nace ciego y muere miope.

Giacomo Leopardi	Los niños encuentran el todo en la nada, y los hombres la nada en el todo.
proverbio suizo	Cuando nos damos cuenta de que somos hombres, nos damos cuenta de que estamos solos.
Michel de Montaigne	¡Oh qué cosa más vil y abyecta es el hombre si no sabe alzarse sobre la humanidad!
proverbio judío	El hombre no tiene más finalidad que la de ser hombre.
Robert Louis Stevenson	Todos tenemos un punto sano en alguna parte.
proverbio calabrés	El hombre valiente no muere pordiosero.
Tagore	Nadie ve lo que es; lo que vemos es nuestra sombra.
Mary Worthley Montagu	El hombre es igual en todas partes.
proverbio chino	Los hombres son como el barro y los dioses como alfareros.
proverbio danés	La humanidad es la inmortalidad del hombre mortal.
proverbio francés	Los hombres envejecen pero no maduran. Para el hombre es fácil equivocarse; para los dioses es fácil devolverle al buen camino.
proverbio chino	No se valora a un hombre con un metro, sino según su fuerza y su valor.
Carlo Dossi	El hombre posee todos juntos los vicios y virtudes de todos los animales.
proverbio chino	El hombre, sea cual sea su edad, nunca es perfecto.
proverbio chino	El hombre que no sabe luchar en la vida se convierte pronto en un hombre de barro.
Douglas Jerrold	El mayor animal de la creación es el animal que cocina.
Gustave Flaubert	La humanidad es la que es; no se trata de cambiarla sino de conocerla.
proverbio chino	El placer del hombre grande consiste en hacer felices a los demás.
proverbio chino	Un hombre al nacer es tierno y débil, cuando muere es rígido y duro.

Benjamin Franklin	El hombre es un animal constructor de instrumentos.
proverbio chino	Un hombre inteligente habla a menudo con los ojos, un hombre vacío traga con las orejas.
proverbio chino	El hombre soberbio no destaca entre los hombres.
proverbio chino	El hombre que consigue ver las cosas pequeñas tiene la vista pura.
proverbio chino	El hombre de deseos desordenados no puede hacer acciones generosas.
proverbio chino	El hombre de muchas palabras no puede tener una mente firme.
proverbio chino	El hombre con coraje físico no puede ser refinado.
Wolfgang Goethe	Cuanto más hombre te sientes, más parecido eres a los dioses.
proverbio chino	El hombre inteligente se turba a menudo.
Wolfgang Goethe	Los hombres son ciegos durante toda la vida.
proverbio chino	El hombre leal se cansa a menudo.
proverbio chino	El hombre habilidoso muestra en el rostro su felicidad, el hombre feliz esconde sus dones.
proverbio chino	Si la casa de un hombre no está solitaria, su mente no vaga en la lejanía; si el rostro de un hombre no muestra un poco de tristeza, sus pensamientos no son profundos.
proverbio chino	Hombre es el que se sienta en la litera; hombre es el que la lleva.
La Rochefocauld	Es más fácil conocer a la humanidad en general que a un solo hombre.
proverbio chino	Todos los hombres tienen una cara, de la misma forma que todos los árboles tienen una corteza.
proverbio chino	Por naturaleza los hombres están próximos los unos de los otros; las costumbres los alejan.
proverbio chino	Si un hombre vence en una batalla a mil guerreros y otro hombre se vence a sí mismo, éste es el más fuerte.

proverbio chino	El hombre es el espejo del hombre.
proverbio chino	Si los hombres no muriesen, la tierra no existiría.
Molière	Todos los hombres son iguales en las palabras; sólo en las acciones se diferencian.
proverbio chino	Ser hombre es motivo suficiente de tristeza.
proverbio chino	Desnudos venimos al mundo, desnudos yacemos bajo tierra.
proverbio chino	Sólo el hombre virtuoso sabe amar y odiar.
proverbio chino	El hombre que ofrece no dice: «Ven a coger.»
proverbio chino	Los hombres, al no haber logrado poner freno a la muerte, a la miseria, a la ignorancia, han decidido no pensar en ello para ser felices.
Novalis	El hombre es un sol y los sentidos son sus planetas.
proverbio chino	¿Qué les sucederá a los hombres que desprecian las pequeñas cosas y no creen en las grandes cuando se encuentren frente a las intermedias?
proverbio chino	Hasta el hombre bueno es un obstáculo para el hombre noble.
proverbio chino	El hombre es el animal más difícil de entender, incluso para sí mismo.
proverbio chino	El superhombre, para serlo, precisa de la máxima maldad.
proverbio chino	El hombre tranquilo se convierte en guía del universo.
Plinio	Nada es más miserable y a la vez más soberbio que el hombre.
proverbio chino	Los hombres deberían negarse a hacer pequeñas cosas antes de haber hecho grandes cosas.
proverbio universal	No hay hombre que tenga derecho a despreciar a los hombres.
proverbio chino	Analizando los defectos de un hombre se conoce su carácter.
proverbio chino	Un gentilhombre no niega la verdad dicha por una persona que le resulta antipática.

proverbio chino	El hombre que no reflexiona y no hace proyectos a largo plazo sufrirá muchos daños en el techo y en el umbral de su casa.
proverbio chino	Únicamente el verdadero hombre sabe cómo amar y odiar a la gente.
proverbio americano	Los hombres tienen dos patas menos que las bestias.
proverbio americano	La sangre de todos los hombres tiene el mismo color.
proverbio chino	Si el hombre no es un verdadero hombre, ¿de qué le sirven los ritos?
proverbio árabe	Todo hombre tiene la mujer que se merece.
proverbio chino	No existe hombre malo que esté solo.
proverbio chino	Si el hombre no es un auténtico hombre, ¿de qué le sirve la música?
proverbio chino	El verdadero hombre habla muy despacio.
proverbio africano	Los hombres tienen los mismos ojos para ver, pero cada uno tiene un punto de vista diferente.
proverbio chino	Un hombre noble debe avergonzarse si sus palabras son más dignas que sus acciones.
proverbio español	El hombre es como Dios lo ha creado y un poco peor.
proverbio español	Por muy grandes que sean el cielo y la tierra, el hombre encontrará siempre dónde curiosear.
proverbio español	Deseando bienes y aguantando males, pasan la vida los mortales.
proverbio chino	Cuando en un hombre el valor es mayor del que demuestra, parece torpe.
proverbio turco	El hombre es la tela. El mundo el metro que mide.
proverbio árabe	Un hombre puede valer por cien y cien no valer por uno.
proverbio chino	Verdadero hombre es aquél que en su aflicción abraza a los afligidos.

proverbio chino	Un hombre debe rodear de fecundidad y afecto su casa como el sol rodea a diario de fecundidad y afecto a la madre tierra.
proverbio árabe	El hombre posee sólo aquello que gana.
proverbio chino	El hombre es el corazón del cielo y de la tierra, la regla de los cinco elementos.
proverbio chino	Todos los hombres son en sustancia iguales: he ahí lo malo.
proverbio indio	Si no produces ningún provecho a tu prójimo, las ceremonias frente a Buda no servirán de nada.
proverbio indio	El enemigo o el amigo de los hombres no es el hombre, sino sus acciones.
proverbio chino	Allí donde se sienta la falta de un hombre, esfuérzate en serlo.
proverbio francés	Los hombres se dividen en dos especies: los que se acostumbran al ruido y aquellos que intentan hacer callar a los demás.
Marco Aurelio	Los hombres han nacido los unos para los otros; consecuencia: o los educas para hacerlos mejores o los soportas.
proverbio bizantino	El hombre es un animal bípedo racional.
Confucio	El hombre superior es universal y no parcial. El hombre despreciable es parcial y no universal.
Confucio	Entre todos los seres sólo el hombre está dotado de poder divino.
	Los grandes hombres no se miden por su fortuna sino por su valor.
	Nadie conoce mejor a un hombre que la mujer que ha dejado de amarlo.
Blaise Pascal	El hombre no es ni ángel ni bestia, y la desgracia quiere que quien desea ser ángel haga de bestia.
Protágoras	El hombre es la medida de tantas cosas.
Platón	Hombre, conócete a ti mismo.

Honestidad

proverbio francés	¡Vivan los honestos! Son siempre menos canallas que los demás.
Carlo Dossi	A muchos no les falta más que dinero para ser honestos.
Wolfgang Goethe	Más crédito que dinero, así va el mundo.
proverbio americano	No tardará en transigir con el fin quien está dispuesto a transigir con los medios.
proverbio portugués	La honestidad es un vestido de oro.
Jean-Baptiste Lacordaire	El hombre honesto es aquel que mide sus derechos según sus deberes.
proverbio escocés	La honestidad es un sentimiento altruista: se pretende siempre en los demás y se niega a uno mismo.
proverbio español	El hombre honesto duerme tranquilo, incluso con una sola manta.
proverbio inglés	Debemos ser honestos, no ricos.
proverbio francés	La honestidad se paga a sí misma.
John Lyly	Quien pierde la honestidad no tiene nada más que perder.
Plutarco	Es tan dulce envejecer con el ánimo tranquilo como en compañía de un verdadero amigo.
proverbio español	La honestidad es un vestido transparente.
proverbio esloveno	Desconfiad de la mujer que habla de su virtud y del hombre que habla de su honestidad.
proverbio italiano	La honestidad se mide por las pequeñas cosas.
Marcial	El hombre honrado es siempre un principiante.
proverbio alemán	La honestidad es la mejor política, pero quien obra sobre este principio no es un hombre honesto.
Salustio	La honestidad está poco protegida.

Honor

proverbio inglés	Antes que nada buscad el honor: el placer espera detrás.
Franz Herder	Las palabras de honor cuestan poco.
proverbio francés	El tráfico de honor no enriquece.
proverbio italiano	Quien lleva los honores acarrea su peso.
proverbio toscano	Es mejor morir con honor que vivir con vergüenza.
proverbio español	El que manifiesta a un hombre que su honor está en peligro se deshonra.
proverbio sueco	El honor es como el aceite: cualquier impureza es fácilmente detectada.
proverbio francés	La estima vale más que la celebridad, la consideración más que la fama, el honor más que la gloria.
proverbio judío	El honor de tu amigo debe importarte tanto como el tuyo.
proverbio albanés	Todas las virtudes tienen sus raíces en el honor.
Arthur Schopenhauer	El honor es la conciencia externa, y la conciencia el honor interno.
proverbio portugués	Honor y provecho no van del brazo.
proverbio indio	Sacrificad vuestra fortuna por vuestra vida, y vuestra vida por vuestro honor.

Hospitalidad y huéspedes

proverbio árabe	Un huésped agradable no pesa a nadie.
proverbio sánscrito	El árbol ofrece a todos su sombra.
proverbio inglés	No hagas la puerta más grande que la casa.
proverbio español	El huésped es agradable de espaldas [es decir, cuando se está yendo].
proverbio catalán	De fuera vendrán que de casa te echarán.

proverbio italiano	El huésped es como el pescado: después de tres días apesta.
proverbio irlandés	Los ojos del huésped no deben ver nada en la casa en la que es recibido.
proverbio danés	Cuando hay lugar en el corazón también lo hay en la casa.
proverbio italiano	Donde comen tres comen cuatro.
proverbio latino	El huésped es sagrado.

Huida

Virgilio	El tiempo se escapa irremediablemente.
proverbio inglés	Un par de talones vale por un par de manos.
proverbio francés	Un camino para quien huye, cien para quien lo persigue.
proverbio indoamericano	Mientras yo corra mi padre tendrá un hijo.
proverbio suizo	Huir es una salida como otras.
proverbio griego	La fuga puede ser peor que la cárcel.

Humanidad

Georg Lichtenberg	Quien se conoce bien a sí mismo puede conocer bien a los demás. Todo es una irradiación.
proverbio americano	Antes que el Hombre nos hiciese ciudadanos, la gran Naturaleza nos hizo hombres.
proverbio inglés	La humanidad es el mar en que naufraga toda pasión.
proverbio yiddish	Es más fácil conocer diez países que a un hombre.

Humildad

proverbio francés	La vida es una larga lección de humildad.
proverbio americano	Un enano sobre los hombros de un gigante puede ver más lejos que el gigante mismo.

Heinrich Heine	Fabrica tu cabaña en el valle, y nunca en la cumbre.
proverbio árabe	La humildad es el hilo con el que se encadena la gloria.
proverbio italiano	Quien se humilla, se ensalza.
Biblia	Antes del granizo brilla el rayo, y frente al modesto brilla la gracia.
Biblia	La oración del que se humilla penetra a través de las nubes.
proverbio árabe	La humildad conduce a la grandeza.
Paul Heyse	Ha descarriado a más mujeres la humildad que la soberbia.
Evangelio	Quien se ensalza será humillado y quien se humilla será ensalzado.
proverbio americano	A menudo ser modesto le resulta más fácil al que ha hecho algo que al que no ha hecho nada.
proverbio inglés	La humildad es una virtud que todos predican pero nadie practica.
Jean-Baptiste Lacordaire	El orgullo divide a los hombres, la humildad los une.
Blaise Pascal	Una falsa humildad es puro orgullo.
proverbio francés	El mundo está jorobado cuando se inclina.
proverbio italiano	El auténtico humilde no sabe que lo es.
proverbio francés	La humildad no debe llegar a la humillación.

Humor

Ludwig Börne	El humor no es un don del espíritu, sino del corazón.
proverbio español	El buen humor es una bendición.
Wilhelm Raabe	El humor es el salvavidas en el río de la vida.
dicho francés	El humor es cortante y peligroso.

Idea

Doudan	Las ideas viejas se llaman prejuicios, las nuevas caprichos.
Arturo Graf	Flirtead con las ideas cuanto queráis; pero en cuanto a casaros con ellas sed cautos.
Gustave Le Bon	Las ideas envejecen antes que las palabras.
Daniel	El hombre es poca cosa si no se eleva sobre sí mismo.
proverbio austriaco	Quien vive por altos ideales, debe dejar de pensar en sí mismo.
Arturo Graf	Al igual que el árbol, el ideal debe tener sus raíces en la tierra.
	Hoy en día se roban más ideas que pañuelos.
proverbio inglés	Las ideas están exentas de impuestos.
proverbio polaco	Las ideas se encienden las unas a las otras como chispas eléctricas.
Wolfgang Goethe	Las hipótesis son canciones de cuna con las que el maestro acuna a sus alumnos.
Leonardo da Vinci	El que está fijo a una estrella no cambia.
proverbio árabe	Ten confianza en las ideas que tendrás mañana.
proverbio francés	No necesariamente se debe alcanzar el ideal, pero debe servirnos de punto de referencia.
proverbio irlandés	Las ideas iluminan los siglos venideros.
Hipólito Nievo	Donde truena un hecho, ha relampagueado una idea.

Ignorancia

proverbio francés	La ignorancia está siempre preparada para admirarse.
Denis Diderot	La ignorancia está más cerca de la verdad que del prejuicio.

George Elliot	Un asno puede rebuznar cuanto quiera, que no desencajará las estrellas.
proverbio francés	Es más fácil que diez sabios oculten su doctrina, que un ignorante su ignorancia.
William Shakespeare	No hay más tinieblas que las de la ignorancia.
Demofilo	Es una ardua tarea aprender a soportar las tonterías de los ignorantes.
proverbio toscano	La ignorancia es la madre de la miseria.
Francis Bacon	Nada le hace sospechar tanto a un hombre como el saber poco.
proverbio toscano	Quien entiende mal, contesta peor.
proverbio danés	El que ignora que su lecho es duro, duerme bien.
proverbio vasco	La ciencia del ignorante consiste en repetir las cosas que dicen los demás.
proverbio chino	La ignorancia es la noche del espíritu, una noche sin luna ni estrellas.
Herbert Spencer	Nuestra ignorancia acorta universalmente nuestras vidas.

Igualdad

proverbio latino	El sol brilla para todos.
proverbio alemán	Quien busque la igualdad que vaya al cementerio.
proverbio español	El sol nos calienta a todos.
proverbio turco	Los cisnes pertenecen a la misma familia que los patos.

Ilusión

proverbio ruso	No hay látigo para aquellos que se engañan a sí mismos.
proverbio francés	El iluso cree que está cociendo un huevo cuando no tiene más que la cáscara.

proverbio francés	La ilusión florece en todas las estaciones.
Honoré de Balzac	Lo mejor de la vida son las ilusiones.
dicho francés	Las ilusiones ayudan a vivir y deben ser respetadas.
Hugo Foscolo	En la naturaleza todo es vano y todo parece real.
Arturo Graf	Desnudo quedaría el que fuese despojado de todas sus ilusiones.
	Emprender sin ilusión, abandonar sin dificultad.
proverbio español	De ilusión también se vive.

Imaginación

proverbio ateo	El cuerpo eterno del hombre es la imaginación.

Imitación

proverbio americano	La imitación es la forma más sincera de adulación.
Ben Jonson	Nadie se ha hecho nunca importante imitando.
proverbio judío	Un simple imitador de la naturaleza no puede crear nada grande.
proverbio italiano	Imita a la hormiga, vivirás sin fatiga.

Imposible

proverbio francés	Imposible no es una palabra francesa.
	Ser pobre e independiente es casi imposible.
proverbio americano	La palabra *imposible* no es afortunada: nada bueno sale de aquellos que la pronuncian continuamente.

Imprudencia

proverbio chino	No dejes a la vaca vigilando la hierba del prado.
proverbio chino	Nunca cierres la puerta tras de ti. Podrías desear abrirla de nuevo.

Impuestos

Nicolás Maquiavelo   Redúzcanse los impuestos a lo justo y razonable.

Nicolás Maquiavelo   Para que los impuestos sean justos conviene que los distribuya la ley y no el hombre.

Independencia

Georg Rollenhagen   Afortunado el hombre que puede prescindir del favor de los señores.

proverbio polaco   Una nación libre puede tener un liberador; a una oprimida le toca sólo otro opresor.

proverbio judío   En las letras, entre veinte consonantes, hay cinco vocales que tienen voz propia. ¿Y entre los hombres? [Es decir, ¿existe entre los hombres, como en otro orden de cosas, una minoría que puede expresarse?]

Indiferencia

proverbio italiano   La indiferencia cubre la avaricia del alma.

proverbio árabe   El escondrijo del espíritu dormido se llama indiferencia.

proverbio turco   La indiferencia es hermana gemela de la crueldad.

Índole

Georg Rollenhagen   La rana, aunque se siente en un trono de oro, salta de nuevo al estanque.

Indolencia

proverbio francés   Al zorro dormido no le cae nada en la boca.

proverbio rumano   La fortuna del indolente se sienta con él.

proverbio italiano   Es mejor gastar los zapatos que las sábanas.

proverbio italiano   El que duerme no pesca.

Indulgencia

proverbio francés   La indulgencia conduce al pecado.

proverbio turco   La indulgencia es hija de la comprensión y nieta de la piedad.

proverbio italiano   La indulgencia hace más mal que bien.

Infancia

proverbio turco   El sol que me calentará, lo conozco al amanecer.

proverbio griego   La verdad sale de la boca de los niños.

proverbio francés   Un niño odiado nunca será hermoso.

proverbio kurdo   En una casa llena de niños, el diablo no entra.

proverbio estonio   Para la planta vigorosa el fruto no pesa.

proverbio italiano   Casa al hijo cuando quieras y a la hija cuando puedas.

Infelicidad

proverbio toscano   El mal nunca llega lo suficientemente tarde como para que no sea demasiado temprano.

proverbio toscano   Pelos y problemas nunca faltan.

proverbio toscano   El que no tiene úlceras se las hace.

Infidelidad

proverbio español   Mucho sabe el marido de una mujer, pero mucho más sabe su amante.

proverbio indio   El amor de los infieles es como la brisa que pasa y desaparece.

proverbio francés   El adulterio es una trinidad que rara vez logra ser un misterio.

Infierno

proverbio chino   En la batalla entre los llamados espíritus celestes y los demonios, unos y otros no luchan por el control del cielo, sino por el control del infierno; por ello, sin importar quien venza, el infierno sigue siendo el infierno.

Ingenio

Beaumarchais   ¡Que estúpidas son las personas ingeniosas!

proverbio francés   Resulta más fácil juzgar el ingenio de un hombre por sus preguntas que por sus respuestas.

Pier Masson   El ingenio es lo contrario del dinero; cuanto menos se tiene más contento se está.

proverbio francés   Cuanto mayor es la inteligencia más sufre por sus limitaciones.

proverbio inglés   El ingenio es como el espíritu: es mejor no tener nada antes que no tener suficiente.

proverbio francés   El ingenio sólo nos sirve para aburrirnos mucho con aquellos que carecen de él.

Petronio   Cultivar el ingenio no ha enriquecido nunca a nadie.

proverbio italiano   El ingenio es el capital de los pobres.

proverbio chino   Ser ingeniosos no basta, hay que tener la gracia suficiente para evitar tener demasiada.

proverbio francés   El ingenio vence a la fuerza.

proverbio italiano   El ojo ve claro si el ingenio no mira.

Ingenuidad

proverbio francés   Aunque se crea lo contrario, conservar la ingenuidad es un síntoma de fuerza.

Michel de Montaigne   La vida sencilla es más agradable, más inocente y más buena.

proverbio francés	Lo que hace que la ingenuidad sea tan graciosa es que no está hecha para perdurar.

Inglaterra

George Borrow	No hay en el mundo países tan desconocidos para los ingleses como sus islas.
Disraeli	En realidad somos una nación de tenderos.
Heinrich Heine	En cada inglés se desarrolla el gas mefítico del aburrimiento.
proverbio inglés	Es más fácil obtener de un inglés veinte juramentos y veinte improperios que una lágrima.
Oscar Wilde	Lo que el público inglés no perdona nunca es la juventud, el poder y el entusiasmo.

Ingratitud

La Rochefoucauld	Los hombres no sólo olvidan los beneficios recibidos, sino que odian a quienes se los procuraron.
Honoré de Balzac	La ingratitud nace a veces de la imposibilidad de devolver un favor.
Duc de Levis	La ingratitud no amedrenta a la beneficencia, pero sirve de pretexto al egoísmo.
proverbio árabe	Mi corazón es para mi hijo, y el corazón de mi hijo es una piedra.
William Shakespeare	Los hombres cierran sus puertas frente al sol que se pone.
Thomas Moore	Los hombres, si se sienten heridos, suelen escribirlo sobre un mármol; en caso contrario, en el polvo.
proverbio árabe	Bromea con tu siervo y te mostrará el trasero.
proverbio toscano	Recibida la gracia, burlado el santo.
proverbio indio	El escorpión pica al que lo saca del fuego.

proverbio italiano	Quien hace un bien a un villano, se escupe en la mano.
proverbio francés	Obligar a un ingrato es comprar el odio.
proverbio turco	Una vez acabada la cena, no se aprecia la cuchara.

Injusticia

proverbio chino	No te enriquezcas con la injusticia.
proverbio persa	No se recogen los frutos de la felicidad en el árbol de la injusticia.
proverbio alemán	Un éxito basado en la injusticia es breve.
proverbio judío	Sólo tu consciencia te salva de la ofensa de lo injusto.

Inocencia

Victor Hugo	La mayor de las fuerzas es un corazón inocente.
William Shakespeare	No es fácil atemorizar a un corazón inmaculado.

Inoportunos

Mme. de Girardin	Cada cual tiene a sus visitas inoportunas, como tiene a sus pobres.
proverbio italiano	Entre mujer y marido no te entrometas.
proverbio inglés	Aquellos que intervienen en un litigio, suelen salir mal parados.
proverbio francés	El inoportuno vence al avaro.

Instinto

Wolfgang Goethe	Las flores están llenas de miel, pero la abeja sólo extrae la dulce.
proverbio latino	El que no tenga razón que tenga instinto.

Carlo Bini	Sigue tu instinto y no te equivocarás.
proverbio latino	La naturaleza no puede mentir.

Insuficiencia

proverbio toscano	Hasta un caballo con cuatro patas se cae.

Inteligencia

proverbio chino	Hasta la gallina inteligente sabe poner los huevos fuera de su nido.
proverbio chino	Cuanto más utilizas el cerebro más cerebro tienes para utilizar.
Federico el Grande	La inteligencia es mucho más escasa de lo que se cree.
François Mauriac	El mejor signo de inteligencia es la duda.
proverbio árabe	La belleza es casi un favor del cielo, la inteligencia es su regalo.
proverbio ruso	Las manos trabajan, pero la cabeza alimenta.
proverbio chino	Cuanta más inteligencia adquieres, mayor es la fosa de soledad que te cavas.
proverbio francés	No hay más que vivir para aprender.
proverbio italiano	Inteligencia y voluntad son bases de toda actividad.

Interés

proverbio francés	Ni siquiera un perro mueve la cola por nada.
proverbio francés	El interés es la gran puerta del mundo.
Napoleón	El interés es la llave de las acciones vulgares.

Inventos

Cicerón	Ningún invento es perfecto al nacer.

Plinio el Viejo	Muchas cosas se consideran imposibles antes de hacerlas.

Ira

proverbio latino	El tiempo calma la ira.
Nicolás Tommaseo	La ira ciega la mente, pero hace transparente el corazón.
Virgilio	La ira sin fuerza es inútil.
proverbio toscano	Quien no desdeña no ingenia.
proverbio toscano	La rabia es cosa de perros.
proverbio toscano	Las amenazas son las armas del amenazado.
proverbio egipcio	Cuando cierres la boca vencerás la cólera.
proverbio danés	Actuar preso de la ira es como embarcarse durante una tempestad.
proverbio francés	La ira no atiende a razones.
proverbio francés	Cuando los corderos montan en cólera son peor que los lobos.
proverbio turco	Es mejor pasar la noche airado que arrepentido.
proverbio árabe	La cólera de Dios se mezcla con la misericordia.
proverbio chino	Saber tolerar un momento de ira significa ahorrarse un siglo de arrepentimientos.
proverbio americano	Cuando la olla que hierve se derrama, se calma sola [es decir, cuando el hombre airado se desahoga, se calma].
proverbio chino	En la niebla no se distingue ni el río ni la montaña. [Cuando la ira es ciega, el ojo no ve más allá de sus propias narices.]
proverbio chino	Todos somos presa fácil de la ira. Los gobernantes la llaman orgullo.
proverbio latino	La ira es mala consejera.

Ironía

proverbio francés	La ironía es un insulto cobarde.
proverbio belga	La ironía es el coraje de los débiles y la cobardía de los fuertes.
proverbio francés	La ironía es una injuria disfrazada de gentileza.
proverbio inglés	A la sombra de la ironía prospera la maldad.
proverbio alemán	Sólo con el sarcasmo es posible defenderse de la ironía.
proverbio polaco	La ironía es el minueto de la vulgaridad.

Juego

proverbio toscano	Mucho gana quien no juega.
proverbio toscano	Si tienes buenas cartas no barajes.
proverbio milanés	*Chi giuga senza malizia, va a cà senza danee.** (Quien juega sin malicia vuelve a casa sin dinero.)
proverbio italiano	Juego de manos juego de villanos.
proverbio umbro	Mucha broma se hace pesada.
proverbio toscano	El que juega a la lotería se arruina en un día.
proverbio italiano	Donde se juega el diablo se divierte.
proverbio francés	Al buen jugador le llega la carta precisa.
proverbio inglés	Jugar bien no sirve de nada cuando se pierde.
proverbio lombardo	Si no quieres perder no juegues.
proverbio italiano	Quien abandona la partida ha perdido. Se pone en juego el sol antes de que salga.
Arthur Schopenhauer	La suerte baraja las cartas, y nosotros jugamos.
Michel de Montaigne	El juego no vale la vela.

Justicia

Biblia	La justicia es inmortal.
proverbio árabe	La estabilidad de un pueblo reside en la justicia.
proverbio iraní	Si quieres que se te haga justicia, sé justo.

proverbio judío	La espada apareció en este mundo debido al retraso de la justicia.
proverbio francés	Gran justicia, gran ofensa.
proverbio toscano	De un juez que roba no se puede esperar justicia.
proverbio español	Pagan justos por pecadores.
proverbio francés	Muchos son los buenos, porque no saben ser justos.
Pietro Colletta	Los pueblos necesitan más justicia que civilización.
proverbio latino	La equidad considera aquello que conviene hacer antes que aquello que hay que hacer.
proverbio latino	A veces el derecho duerme pero nunca muere.
Confucio	Quien ve lo que es justo y no lo hace, no tiene valor.
Arturo Graf	Es más fácil ser caritativo que justo.
proverbio francés	No hay inteligencia sin justicia; no hay justicia sin inteligencia.
proverbio francés	El derecho es el mejor invento de los hombres contra la equidad.
Gustave Flaubert	Un hombre que juzga a otro hombre es un espectáculo que resultaría ridículo de no ser porque inspira compasión.
Charles Joseph de Ligne	Para ser imparcial hay que tener mucho dinero en el bolsillo.
Teognides	Todas las virtudes están incluidas en la justicia.
proverbio chino	El que disminuye su patrimonio para dar una parte a quien no tiene, será conducido en presencia de los dioses según la parábola de las dos ovejas que nadan: la esquilada llega a la orilla junto al pastor, la otra sucumbe debido al peso de la lana.
proverbio chino	Si los dioses fueran solamente justicia su reino estaría vacío.
proverbio chino	Quien disfruta de algo sin dar las gracias al creador, comete una gran injusticia.

* En milanés en el original. (N. de la T.)

proverbio chino	Pobre oveja es la que no puede cargar su propia lana.
del derecho romano y bizantino	A cada cual lo suyo.
Wolfgang Goethe	Obra justamente: lo demás vendrá solo.
	No se puede ser justo si no se es humano.
proverbio chino	La ola destroza todo lo que encuentra. [La ley es igual para todos.]
	Presidiendo procesos todos somos igual de buenos: lo que habría que evitar es que existiesen.
proverbio chino	Si la gente de las clases inferiores no confía en la gente que está por encima, el gobierno del pueblo es imposible.
proverbio ruso	Nadie ha sido nunca ahorcado con dinero en el bolsillo.
proverbio turco	Una hora de justicia vale por setenta años de rezos.
proverbio danés	A menudo la justicia se inclina ante el dinero.
Victor Hugo	Ser bueno es fácil; lo difícil es ser justo.
Leonardo da Vinci	Quien no castiga el mal lo ordena.
proverbio alemán	Cien años de albedrío no hacen un año de justicia.
proverbio chino	El juez que absuelve al culpable se condena a sí mismo.
proverbio americano	La justicia puede adormilarse un poco, pero al final ve.
Montesquieu	La justicia hacia los demás es una caridad para nosotros.
Napoleón	El primer deber de los reyes es la justicia.
Publilio Siro	La absolución del culpable es la condena del juez.
proverbio chino	Cuando un hombre no quiere que se le haga aquello que él no hace a los demás, todos están satisfechos.

Juventud

Wolfgang Goethe	El joven lucha para que el viejo disfrute.

proverbio chino	La juventud es un bien que todos deberíamos guardar celosamente para que el tiempo, que es un ladrón, no nos la robe en nuestras narices.
Erasmo de Rotterdam	Una juventud perezosa conlleva una vejez miserable.
proverbio chino	Si se ayuda a un joven a tomar su camino, de viejo seguirá en él.
proverbio francés	La edad es importante sólo en los caballos.
dicho americano	La juventud considera la vida como oro puro; la vejez tiene en cuenta la aleación.
	Hay muchachas a las que les faltan sólo las alas para ser perfectas... ocas.
Benjamin Disraeli	Casi todas las cosas grandes han sido hechas por jóvenes.
proverbio americano	La juventud es el tiempo para el amor, la vejez es la estación de la virtud.
proverbio francés	La juventud es sagrada debido a sus peligros: respetadla siempre.
proverbio alemán	Joven, no es una excusa.
proverbio alemán	La juventud es una enfermedad que se cura día a día.
proverbio alemán	La juventud es una breve borrachera, la vejez un largo ayuno.
proverbio finlandés	En la juventud vive y ama, en la vejez duerme, sueña y piensa.
proverbio polaco	Es mejor la barba de la vejez que el fuego de la juventud.
Napoleón	Cada hora perdida en la juventud es una probabilidad de desgracia en el futuro.
Mme. de Knorr	La iniciativa de la juventud vale tanto como la experiencia de la vejez.
proverbio latino	Joven ocioso, anciano necesitado.
proverbio español	Juventud, divino tesoro.

Juzgar

proverbio francés	Cuanto más se juzga, menos se ama.
Ludwig Andreas Feuerbach	La mediocridad pesa siempre bien, pero su balanza es falsa.
proverbio americano	El buen juicio nos lo impone la experiencia.
San Mateo	No juzguéis y no seréis juzgados.
	A través de una lupa se miran las cualidades de los amigos y los defectos de los enemigos.
Publilio Siro	Se arrepiente enseguida el que juzga precipitadamente.
proverbio chino	No te precipites al condenar, incluso frente a una acción deleznable: sólo los dioses pueden hacerlo.
proverbio chino	Cuando se es joven no se acierta al juzgar a los demás, cuando se es viejo tampoco.
proverbio chino	La persona que se expresa ruidosamente no puede emitir un juicio sereno.
proverbio francés	Quien no es justo es cruel.
Michel de Montaigne	Para poder juzgar cosas grandes y nobles es preciso poseer un alma igualmente grande y noble.
proverbio ruso	No es la ley lo que asusta, sino el juez.
proverbio alemán	Los jueces deben tener orejas grandes y manos pequeñas.
proverbio alemán	Para juzgar hay que tener dos orejas iguales.
proverbio inglés	El zorro no puede formar parte del jurado que juzga a la gallina.

Ladrón

proverbio milanés	Todo ladrón tiene su devoción [es decir, incluso quien se comporta deshonestamente puede tener un buen corazón].
proverbio árabe	Atrapa al ladrón antes de que te atrape.
proverbio alemán	El fraude vive en el palacio de justicia.

proverbio armenio	Quien roba comete un error, pero quien se deja robar comete cien.
proverbio italiano	Los grandes ladrones mandan colgar a los pequeños.
proverbio danés	Un ladrón piensa siempre en vivir en medio de los ladrones.
proverbio español	Roba el cerdo y regálale las patas a Dios.
proverbio español	Dulce es el agua robada.
proverbio italiano	Quien roba para los demás acaba colgado.
proverbio judío	Quien roba a un pobre, roba a Dios.
proverbio judío	Cuando el ladrón no tiene ocasión de robar se cree honesto.
proverbio portugués	El ladrón empieza robando un alfiler y llega a robar un imperio.
proverbio turco	Un ladrón no apresado parece tan honesto como un juez.
proverbio rumano	Un comerciante astuto puede enseñar a un ladrón.
proverbio noruego	El hambre es la escuela de los ladrones.
proverbio danés	El mayor robo del ladrón es su consciencia.

Lágrimas

Beaumont and Fletcher	Las lágrimas de una mujer hablan tácitamente.
Jacques Delille	El hombre llora: he aquí el más bello de sus privilegios.
Biblia	Quien siembra entre lágrimas, cosecha con alegría.
García Gutiérrez	No sabes lo bella que es una mujer que llora.
Ovidio	Existe cierto placer en el llanto.
Filippo Pananti	Mezclándolas se secan las lágrimas.
Tácito	El llanto es cosa de mujeres, el recuerdo de hombres.
proverbio francés	No llores por lo que no has tenido.
proverbio italiano	Todos tenemos algo por lo que llorar.
Racine	Los más desgraciados osan llorar menos que los demás.

proverbio italiano	Las lágrimas de las mujeres son manantiales de malicia.
Friedrich von Schiller	Quien quiera recoger lágrimas debe sembrar amor.
proverbio español	Las lágrimas de las mujeres valen poco y cuestan mucho.
proverbio francés	Las lágrimas de las mujeres hacen enloquecer a los hombres.
proverbio eslavo	El rocío de la mañana y las lágrimas de una mujer se secan en seguida.

Lamento

proverbio napolitano	No llames a una cosa triste, te puede suceder algo peor.

Lealtad

proverbio chino	La lealtad es la única moneda de curso común.
proverbio persa	La mano del hombre leal es como una balanza.

Lejanía

proverbio inglés	La ausencia nos hace más afectuosos.
Jean-Baptiste Lacordaire	La lejanía pone a prueba los sentimientos.
proverbio latino	El ausente no heredará.
proverbio latino	Lejos de los ojos, lejos del corazón.
proverbio persa	Si quieres que te aprecien, muere durante un viaje.
proverbio español	Si estás ausente se hablará bien de ti.

Lenguaje

Benjamin Disraeli	Con las palabras gobernamos a los hombres.
Ralph Waldo Emerson	La lengua es poesía fósil.
proverbio armenio	Es mejor resbalar con los pies que con la lengua.

proverbio turco	La espada tiene dos filos cortantes, la lengua cien.
Wolfgang Goethe	Quien no conoce idiomas extranjeros no conoce el suyo.
proverbio suizo	Un idioma domesticado es un pájaro raro.
proverbio kurdo	Me es más querido un extranjero que habla mi idioma que un compatriota que la ignora.
proverbio chino	El idioma es la ropa del pensamiento.
proverbio inglés	Las espadas conquistan a algunos, pero las palabras subyugan a todos.
William Hazlitt	Las palabras son lo único eterno.
Rudyard Kipling	El hombre sin maestro se ve afectado por la magia de las palabras necesarias.
proverbio latino	La lengua es blanda, pero rompe cosas duras.
Algernon Charles Swinburne	El hablar de forma sencilla es preferible al exceso de espíritu.
proverbio latino	La lengua golpea allí donde duele.

Ley

William Burke	La ley y el poder arbitrario están en continuo litigio.
proverbio francés	El abogado debe sólo aquello que decide deber.
proverbio francés	El patíbulo nunca pierde sus derechos.
proverbio latino	Quien llega antes, tiene la ley de su parte.
proverbio latino	Ninguna ley se acomoda a todos los gustos.
proverbio latino	Las leyes se ven obligadas a callar durante la guerra.
proverbio latino	Quien calla no confiesa, pero tampoco niega.
proverbio latino	La voluntad del tirano tiene la fuerza de la ley.
proverbio toscano	Quien rehuye el juicio, se pierde.
proverbio toscano	La ley nace del pecado.
proverbio danés	Donde la ley no existe la suple el honor.
proverbio polaco	Donde acaba la ley empieza la tiranía.
proverbio ruso	La ley es como un timón, que va hacia donde tú lo dirijas.

proverbio alemán	Demasiada justicia implica poca equidad.
proverbio holandés	El hombre prepara la papilla y la ley se la come.
Carlo Dossi	La ley es igual para todos los andrajosos.
proverbio americano	La institución es la sombra alargada del hombre.
Tito Livio	El uso corrige las leyes.
Tito Livio	Ninguna ley es del gusto de todos.
proverbio inglés	Cualquier aplazamiento de la justicia significa injusticia.
Girolamo Savonarola	No hay peor animal que el hombre sin ley.
proverbio belga	Es preciso que la ley sea severa y los hombres indulgentes.
Séneca	Para poder recordar una ley es preciso que sea corta.
Wolfgang Goethe	El hombre que lo ha perdido todo es peligroso.

Libertad

William Burke	Para poseer libertad, ésta debe ser limitada.
Wilhelm Busch	Felicidad, libertad, son sólo negaciones de la realidad.
Matthias Claudus	Nadie es libre si no es su propio señor.
proverbio húngaro	Quien acepta demasiados regalos vende cara su libertad.
proverbio inglés	La libertad abstracta, como las demás abstracciones, no se puede encontrar.
proverbio francés	La libertad es un pan bien cocido.
proverbio inglés	La libertad vale más que el oro.
Manuel Foy	La libertad es la eterna juventud de las naciones.
proverbio prusiano	La libertad es un lujo que no todos se pueden permitir.
proverbio americano	La inteligencia anula el destino. Mientras piense un hombre es libre.
Mme. de Girardin	La libertad es como el movimiento: no se define, se muestra.
Arturo Graf	Libertad sin ideales hace más mal que bien.

Peter Hille	La libertad es la suma de restricciones microscópicas.
Jean-Baptiste Lacordaire	La libertad es el derecho de hacer aquello que no perjudica a los demás.
proverbio francés	El hombre es verdaderamente libre cuando ni teme ni desea nada.
Girolamo Savonarola	La auténtica libertad es más valiosa que el oro y la plata.
Tito Livio	En un país libre tienen más poder las leyes que los hombres.
Ulpiano	No hay dinero que pueda pagar la libertad.
Ludwig van Beethoven	Tranquilidad y libertad son los bienes supremos.
Wolfgang Goethe	El hombre se acostumbra a la esclavitud y aprende a obedecer si se le priva de libertad.
Arturo Graf	Si no tienes libertad interior, ¿qué otra libertad pretendes tener?
proverbio alemán	Las cadenas de la esclavitud atan sólo las manos [es decir, la mente es libre para pensar y el esclavo puede conservar su dignidad].
	Que no pertenezca a los demás quien puede ser sólo suyo.
proverbio sueco	El hombre más fuerte del mundo es el que está solo.
proverbio chino	Existe una única libertad: la verdad. Existe una única esclavitud: la mentira.

Libro

Edmondo De Amicis	Una casa sin biblioteca es una casa sin dignidad.
dicho francés	Biblioteca: demasiados volúmenes y pocos libros.
proverbio italiano	No hay peor ladrón que un libro malo.
proverbio ruso	Un libro es amigo sólo de quien sabe leerlo.
proverbio georgiano	No existen libros malos, sólo malos lectores.
proverbio yugoslavo	Un libro bien escrito pero sin ideas, es como una mujer fea bien vestida.

dicho italiano	Hacer un libro es insignificante si el libro hecho no rehace a la gente.
Ben Jonson	La principal gloria de todo un pueblo son sus autores.
proverbio americano	Los libros nos enseñan muy poco del mundo.
proverbio francés	Un libro no es nunca una obra maestra: se convierte en ella.
proverbio inglés	Leer es ver por poderes.
Francis Bacon	La lectura clarifica al hombre, el pensamiento lo prepara y la escritura le hace alcanzar la exactitud.
Plinio	No existe ningún libro que no aporte algo.
proverbio francés	Dos clases de escritores tienen genio: los que piensan y los que hacen pensar.
Mme. de Warens	Todos leen, pero pocos son los que saben leer.
Plinio el Joven	Hay que leer mucho, pero no muchos libros.
Santo Tomás de Aquino	Temo al hombre que lee un solo libro.

Literatura

proverbio francés	De lo que se escribe, la mitad es dañino y la mitad inútil.
Marie von Ebner-Eschenbach	Los manuscritos o se pudren en un cajón o maduran.
Wolfgang Goethe	El escribir es ocio atareado.
proverbio húngaro	La literatura, al igual que la nobleza, se lleva en la sangre.
proverbio prusiano	Escribe con sangre y te darás cuenta de que la sangre es espíritu.
proverbio americano	La capacidad de escribir deriva del arte, no de la casualidad.
proverbio belga	El principal deber de un escritor desconocido es el de ser interesante. Sólo los escritores célebres tienen derecho a ser aburridos.
Jules Renard	Cuanto más se lee menos se imita.

Voltaire	La literatura es una óptima amiga que no falla nunca cuando se la necesita.
proverbio americano	El primer deber de un narrador es dejar un cuento mejor de como lo encontró.
proverbio español	Entre dos explicaciones escoge la más clara. Entre dos formas la más elemental. Entre dos palabras la más breve.
Voltaire	Todos los géneros son buenos, menos el género aburrido.
proverbio africano	La peor de las bestias es el escorpión, y el peor de los hombres es el literato.
proverbio chino	Leer sin pensar determina una mente confusa, pensar sin leer hace del hombre un inconstante.

Litigios

de Ligne	Ay del que no esté nunca equivocado; nunca tendrá razón.
proverbio chino	Cuando la garza y el molusco se pelearon, el pescador salió ganando [cuando dos se pelean el tercero es el que saca provecho].
proverbio serbio	El litigio y el arrepentimiento son hermanos.
proverbio francés	Si tu causa es buena reconcíliate; si es mala, pelea.
proverbio francés	A un pendenciero no le faltan nunca palabras.
proverbio esloveno	De buena raza es el que calla primero en una disputa.
proverbio francés	Pon al caballo pendenciero en una cuadra separada.

Locuacidad

Mme. de Maintenon	Escuchad siempre, y no habléis nunca.
proverbio latino	Un mar de palabras produce una gota de hechos.
proverbio italiano	Quien tiene lengua, llega a Roma.

en la tienda de un cerrajero,
en Meuren

Si se pusiese una cerradura en cada boca,
el noble arte del cerrajero sería el mejor
del mundo.

Locura

proverbio italiano   El primer síntoma de locura consiste en creerse
sabio, el segundo en declararlo.

proverbio francés   Un loco amaestra bien a un sabio.

proverbio italiano   En el mundo hay más locos que migas de pan.

proverbio griego   No se puede convencer ni atar a un loco.

proverbio alemán   El pelo de un loco no encanece nunca.

proverbio toscano   Quien gobierna de loco, se lamenta de sabio.

proverbio toscano   Los estúpidos no tienen punto medio.

proverbio lombardo   El amor apaga la luz y la razón.

proverbio indio   Quien es muy sabio no es más que un loco sabio.

proverbio americano   La locura tiene alas de águila pero ojos de lechuza.

proverbio inglés   El loco ríe hasta cuando se aburre.

Cojamos todos un pellizco de música, de poesía
y de locura.

Carlo Dossi   La locura podría llamarse el sueño de quien
está despierto.

Blaise Pascal   Los hombres están necesariamente locos, tanto
que el no estarlo sería una locura de otro tipo.

proverbio inglés   Existe un placer en estar loco que sólo los
locos conocen.

proverbio alemán   ¡Tened el valor de estar locos! Estar cuerdos es fácil.

Cristoph Martin Wieland   Una locura que me exalta vale por una verdad
que me abate.

Lógica

proverbio italiano   No hay lógica que resista al sentimiento.

151

proverbio americano	El libro de la lógica femenina ha sido borrado por las lágrimas, y la justicia, en la corte de las mujeres, monta siempre en cólera.
Remy de Gourmont	La lógica es buena para razonar, pero en la vida diaria no sirve para nada.
proverbio holandés	La lógica es demasiado fría para vencer a la pasión.

Lucha

proverbio holandés	Esperanza y desesperación llevan al hombre a luchar.
proverbio ruso	La lucha es la sal de la vida.
proverbio griego	El futuro es una lucha.

Luna

proverbio chino	Habría que contemplar la silueta de las flores en el agua, la silueta de los bambúes bajo la luna y la silueta de la belleza tras una mampara.
proverbio italiano	La luna se preocupa del ladrar de los perros.
proverbio italiano	Cuando la luna es blanca, el tiempo es bueno; si es roja, hay viento, si es pálida, lluvia.
proverbio italiano	Cuando la luna está llena, sale cuando se pone el sol.
proverbio árabe	Si te protege la luna, no te preocupes de las estrellas.
proverbio italiano	La luna de septiembre siete lunas deja atrás.
proverbio italiano	La luna ilumina a los ladrones.
proverbio italiano	La luna sale cuando el sol se va.

Luz

proverbio danés	Si buscas la luz, la encontrarás.

proverbio alemán	La luz está hecha para todos los ojos, pero no todos los ojos están hechos para la luz.
proverbio latino	La luz es la sombra de Dios.
proverbio italiano	La luz es media compañía.
Wilhelm Lubke	Donde hay luz hay sombra.
proverbio italiano	Quien hace el mal odia la luz.

Llanto

proverbio ruso	Las lágrimas que caen son amargas, pero aún más lo son las que no caen.
proverbio yiddish	Cuando ríes todos te ven; cuando lloras nadie se da cuenta.
proverbio latino	En las lágrimas reside la máxima voluptuosidad.
proverbio francés	El hombre llora, y es éste su mayor privilegio.
proverbio italiano	Quien llora al muerto se esfuerza en vano.
proverbio español	Quien bien te quiere, te hará llorar.

Madre

proverbio lombardo	La madre de los tontos está siempre en estado.
proverbio alemán	Madre borracha, padre ciego.
proverbio francés	Entre todas las mujeres, la única verdadera es nuestra madre.
proverbio español	Somos hijos de una sola madre.
proverbio birmano	Un niño sin madre es como un pez en aguas someras.
proverbio africano	Quien no tiene madre lo guarda todo en su corazón.
proverbio belga	Un hijo no puede convencerse de que su madre es una mujer.
proverbio árabe	Sé polvo bajo los pasos de tu madre, puesto que donde pisan sus pies está el paraíso.
proverbio francés	La madre ha inventado el amor en la tierra.

proverbio alemán	Sólo hay una cosa en el mundo más bella que una mujer... una madre.
proverbio español	De la madre, la gran ciencia es tener mucha paciencia.
proverbio español	Toda madre piensa que el sol brilla sólo para su hijo.
proverbio español	Madre no hay más que una.
proverbio ruso	El amor de una madre procede de las profundidades del océano.
León Tolstoi	Madres, vosotras tenéis en las manos la salvación del mundo.
proverbio georgiano	Una madre entiende el lenguaje del hijo mudo.

Mal

Alexandre Dumas, padre	Hablar de los propios males ya es un consuelo.
Alexandre Dumas, padre	Para todo mal existen dos remedios: el tiempo y el silencio.
proverbio francés	El consuelo de los que sufren es tener compañía. No se debería hacer daño a nadie aposta, puesto que ello ya sucede bastante a menudo sin que lo sepamos.
proverbio francés	El mal carga el remordimiento sobre los hombros.
Anatole France	El bien y el mal no existen más que en la opinión. El sabio se guía tan solo por el uso y la costumbre.
Voltaire	Las desgracias llegan volando y se van cojeando.
proverbio turco	Una oveja roñosa infecta al rebaño.
proverbio francés	Muerte del lobo, salud del rebaño.
proverbio italiano	Mal de muchos consuelo de tontos.
proverbio italiano	Quien no ha probado lo amargo no sabe lo que es el dulce.
proverbio italiano	Se teme doblemente un mal desconocido.
proverbio español	El malvado es como un saco de carbón: negro por fuera y aún más negro por dentro.

proverbio español	La tierra y el cielo son buenos: el mal está entre la tierra y el cielo.
proverbio español	En asuntos de males el menor es el mejor.
proverbio turco	No se tiran piedras a los buitres.
proverbio chino	La mala hierba hay que arrancarla de raíz.
proverbio griego	El mal es fácil; el bien requiere más esfuerzo.
proverbio indio	Cuando la mala planta está muriendo, produce frutos satánicos.
proverbio malayo	El maligno desea las tinieblas, las tinieblas hacen de él un ciego.
proverbio alemán	Quien no castiga el mal lo atrae sobre sí.
proverbio árabe	El mal eres tú; y el mayor de los males eres tú cuando lo ignoras.
proverbio rumano	Escribe lo que es malvado sobre el agua.
proverbio malgache	Alabar el mal es alguna vez desprecio, blasfemar el bien es siempre odio.
proverbio árabe	Si encontráis un malvado en el fuego, añadid leña.
proverbio armenio	De la misma flor la abeja liba su miel y la serpiente su veneno.
proverbio danés	El mal no es nunca bueno hasta que llega lo peor.
proverbio escocés	Quien no desea ningún mal no merece ningún bien.
Marco Aurelio	Nada puede ser malo si es por naturaleza.
Séneca	No hay mal que por bien no venga.
Marcial	El mal que se oculta parece mayor.
proverbio italiano	El mal está siempre al acecho.
Cicerón	Escoge el menor de los males.
proverbio chino	Una de las causas de nuestros males es que vivimos siempre intentando seguir el ejemplo de los demás.
proverbio chino	El mal viene a quintales y se va por el ojo de una aguja.

Maldad

proverbio chino	Quien se niega a asistir a un enfermo debe ser considerado un asesino.
Albert Alain de La Tour Chambly	La prosperidad del malvado pesa sobre el gentilhombre.
Séneca	La maldad se bebe gran parte de su propio veneno.
Varron	Entre las mieses buenas no falta nunca alguna espiga mala, ni entre las malas alguna espiga buena.
proverbio chino	El placer de las pequeñas maldades nos evita más de una mala acción y más de un gran remordimiento por haber hecho una mala acción.
Victor Hugo	Los malvados gozan de la auténtica felicidad.
proverbio toscano	A quien quieres mal ni la casa ni el hogar.
proverbio toscano	Quien perdona a los perversos, perjudica a los buenos.
proverbio italiano	No existe malvado igual que el que se complace en hacer daño.
proverbio indio	Un hombre perverso no se desembaraza de sus pecados bañándose en el Ganges.
proverbio español	Pon tierra de por medio entre una mala persona y tú.
proverbio danés	Un hombre no es necesariamente malo sólo porque otro es bueno.
proverbio toscano	El truhán encuentra en cualquier parte tres cosas: posada, prisión y hospital.
proverbio lombardo	Del fuego te guardarás, pero del malvado no podrás.
proverbio español	Una manzana podrida echa a perder las demás.
proverbio árabe	Una oveja negra estropea el rebaño.

Maldecir

Para nuestros defectos somos como topos, para los de los demás como linces.

proverbio árabe Una habladuría cruel va sobre ruedas que engrasamos entre todos.

proverbio alemán Maldecir endulza el entretenimiento femenino.

proverbio toscano No se debe maldecir al ausente ni al muerto.

proverbio toscano Quien mal hace, mal piensa.

Hacen más daño las malas lenguas que la mano del verdugo.

Denis Diderot El que te habla de los defectos de los demás, habla de los tuyos con los demás.

La Rochefoucauld A menudo los que maldicen lo hacen más por ligereza que por malicia.

Alessandro Manzoni Por cada pícaro que inventa hay miles de crédulos que repiten.

proverbio toscano La espina crece pinchando.

proverbio toscano Se dice el pecado pero no el pecador.

Que coja la peste el que me alaba en mi presencia y me blasfema en mi ausencia.

Séneca Alaba parcamente; pero aún más parcamente blasfema.

proverbio chino Un carro lleno chirría, uno vacío arma gran escándalo.

proverbio chino Tanto va la pantera al abrevadero que deja sus huellas. [Tanto va el cántaro a la fuente que deja el asa.]

proverbio chino Por muy fuerte que el martillo golpee al yunque, éste es siempre el que dura más. Al martillo se le puede romper el mango. [Deja que maldigan, la ruina caerá antes sobre ellos.]

proverbio chino	Así como la oca no se asusta por la algazara ni la oveja por los balidos, tú no debes temer el vocerío de la muchedumbre.
proverbio chino	El que te cuenta sus asuntos y los de los demás, mañana contará los tuyos.

Maldición

proverbio chino	Maldice a un hombre y habrá dos tumbas.
proverbio chino	Un hombre no debe maldecir a otro hombre porque para ambos habrá una tumba.

Marido

proverbio italiano	Al que se casa viejo le salen cuernos.
proverbio medieval	Es de sabios casarse con una belleza modesta.
proverbio alemán	Mejor estar bien colgado que mal casado.
proverbio árabe	Siete días rey, siete días ministro, y al final esclavo.
proverbio español	Enrolarse y casarse son cosas que no deben aconsejarse.
proverbio francés	Quien se casa con una mujer, se casa con sus deudas.
proverbio francés	Es preferible escoger esposa con los oídos que con los ojos.
proverbio vasco	Cásate y échate a dormir, tu mujer se encargará de despertarte.

Matrimonio

proverbio francés	Casarse está bien, no casarse está mejor.
Biblia	Es mejor vivir en un país desierto, que con una mujer contestona y cascarrabias.
	El matrimonio se considera santo precisamente porque incluye numerosos martirios.

proverbio francés	Lo más razonable que se ha dicho acerca del celibato y del matrimonio es esto: hagas lo que hagas, te arrepentirás.
Alexandre Dumas, hijo	El amor es física, el matrimonio química.
Alexandre Dumas, hijo	La cadena del matrimonio es tan pesada, que hacen falta dos personas, y a veces incluso tres, para llevarla.
proverbio francés	Los matrimonios empiezan con un anillo y acaban con un cuchillo.
proverbio italiano	El día de nuestra boda es el día después de una hermosa etapa.
proverbio francés	¡Nunca maridos, siempre amantes!
proverbio italiano	Marido demasiado bueno nunca fue bueno.
proverbio italiano	En el marido prudencia, en la mujer paciencia.
proverbio italiano	Cuando Dios quiere castigar a un hombre pone a su lado una mujer.
proverbio italiano	Marido viejo, mejor que nada.
proverbio francés	Hay que escoger por esposa a aquella mujer que se elegiría por amigo si fuese un hombre.
proverbio español	En trece y martes, ni te cases ni te embarques.
proverbio español	La mujer y el huerto necesitan un solo dueño.
proverbio español	Casarse significa domesticarse.
proverbio español	Quien mal se casa, tarde enviuda.
proverbio español	Hoy marido, mañana arrepentido.
proverbio español	Una vez te casarás, por mil te arrepentirás.
proverbio alemán	Marido joven, marido infiel.
proverbio alemán	Marido sordo, esposa muda, paz en la familia.
Francis Bacon	Quien tiene mujer e hijos ha proporcionado rehenes a la suerte.
proverbio alemán	Después de la boda se conoce a la esposa.
proverbio alemán	El matrimonio conlleva muchas penas, pero el celibato no aporta ninguna alegría.

Honoré de Balzac	La mujer es para su marido lo que el marido ha hecho de ella.
proverbio toscano	Al que se casa le hacen falta dos cerebros.
proverbio toscano	Quien quiera castigar a un loco que le dé una mujer.
Nicolás de Chamfort	El matrimonio viene después del amor, como el humo detrás de la llama.
proverbio toscano	El que tiene mal un dedo, siempre se lo mira, la que tiene mal marido, siempre suspira.
proverbio toscano	Dios los cría y ellos se juntan.
proverbio véneto	*Roba de dota, la va che la trota.** (La dote se convierte en humo.)
proverbio rumano	Pocos escapan del matrimonio y de la pobreza.
Nathaniel Field	Quien sospecha de una mujer sincera, la empuja a la mentira.
La Rochefoucauld	Hay buenos matrimonios, pero no hay ninguno que sea delicioso.
proverbio sumerio	Por placer nos casamos, y por reflexión nos divorciamos.
	Las esposas tristes viven siempre demasiado.
proverbio portugués	El verbo casarse suena bien pero sabe mal.
proverbio turco	En el matrimonio hay penas y alegrías, pero nunca sensatez.
proverbio latino	Quien se casa compra dolores y penas.
Henry Matthew	Aviso a aquellas personas que tengan la intención de casarse. No lo hagáis.
proverbio japonés	Una mujer alborotadora devora al marido.
proverbio finlandés	Mejor un buen amigo que un mal marido.
proverbio kurdo	Ay de aquel marido cuya mujer mire hacia la puerta.
Horacio	Una mujer con dote manda sobre el marido.
proverbio judío	Un hombre quiere casarse, una mujer quiere ser casada.

* En véneto en el original. (N. de la T.)

proverbio malgache	El matrimonio no es un nudo fijo, sino un nudo corredizo.
proverbio holandés	Quien se haya cansado de vivir, que se case.
proverbio polaco	La mujer llora antes de casarse, el hombre después.
proverbio coreano	En un hogar pobre el marido acaricia más a su mujer.
proverbio suizo	El marido que siembra mentiras recoge lágrimas.
proverbio holandés	El cementerio está lleno de solteros.
proverbio chino	Cuando vuelvas por la noche, pega a tu mujer: tú no sabes por qué, pero ella sí.
proverbio francés	El hombre se casa con una dote, la mujer con una profesión.
proverbio holandés	Un esposo sabe bien lo que desea, pero no lo que le toca.
proverbio polaco	Demasiado amor no celebra boda.
proverbio ruso	El amor tiene un lenguaje propio; el matrimonio vuelve al lenguaje normal.
Ovidio	Si quieres casarte bien, cásate con una igual.
Alexander Pope	No hay oca, por muy gris que sea, que no encuentre tarde o temprano un buen pato como compañero.
proverbio alemán	Un plato de amor casado se enfría enseguida.
William Shakespeare	La mujer ligera hace al hombre pesado.
proverbio americano	El niño lleva a la mujer, que a su vez lleva al hombre, que a su vez lleva los negocios.
Nicolás Tomaseo	El matrimonio es como la muerte: pocos llegan a él preparados.
	Es el deseo de ser dos, y el miedo de ser tres.
proverbio toscano	Mujer y bueyes de tu país.
proverbio alemán	Casarse está bien, no hacerlo está mejor.
proverbio español	Al que se casa por amor, malos días y buenas noches.
proverbio francés	El matrimonio es una ciencia que nadie estudia.
Aulo Gelio	La mujer es un mal necesario.

proverbio americano	Un segundo matrimonio es el triunfo de la esperanza sobre la experiencia.
proverbio napolitano	El buen marido hace a la buena mujer.
proverbio veneciano	Quien presta los libros o la mujer es de la casa de los Dar o de los Corner. [Juego de palabras que hace referencia a los nombres de dos familias de la antigua Venecia.]
proverbio napolitano	El que tiene mucho dinero siempre cuenta, y el que tiene una mujer bonita siempre canta.
proverbio véneto	Después del arroz se ven los defectos.
proverbio ruso	Casarse jóvenes es demasiado pronto, casarse viejos es demasiado tarde.
proverbio francés	Los matrimonios se hacen en el cielo.

Médicos y medicinas

Massimo Bontempelli	La medicina es una opinión.
Séneca	Nada es más beneficioso para el enfermo que ser curado por un médico de confianza.
proverbio americano	¿Quién decide cuando los médicos no se ponen de acuerdo?
proverbio chino	El paciente sanará, a menos que la suerte lo rechace.
proverbio inglés	Si el médico cura, el cielo es testimonio, si mata, la tierra lo cubre todo.
William Burton	El que vive según las prescripciones del doctor, vive infeliz.
proverbio francés	Cuando el médico muere ha acabado su aprendizaje.
proverbio francés	Se ven más borrachos viejos que médicos viejos.
proverbio judío	Para honrar a un doctor no esperes a necesitarlo.
proverbio italiano	El médico estudia y el enfermo muere.
proverbio italiano	Los médicos y la guerra despueblan la tierra. Mejor un médico afortunado que uno docto.

162

Mediocridad

proverbio chino
Es mejor rugir con estrépito como las rocas que tintinear como el jade.

La Rochefoucauld
Los espíritus mediocres condenan todo aquello que supera su pequeña estatura.

Blaise Pascal
El grandísimo ingenio es acusado de locura por quienes carecen completamente de él. Tan sólo la mediocridad parece buena.

Melancolía

Gustave Flaubert
La melancolía no es más que un recuerdo inconsciente.

Victor Hugo
La melancolía es la felicidad de estar triste.

proverbio americano
El infierno sobre la tierra es el corazón de los hombres tristes.

proverbio francés
Hasta los acontecimientos más felices están contaminados por la tristeza.

Memoria

proverbio chino
La tinta más pálida vale más que la mejor de las memorias.

proverbio ruso
Aquella que cose el ajuar de una novia rejuvenece.

Jean Paul Richter
La memoria es el único paraíso del que no se nos puede expulsar.

proverbio eslavo
Los buenos recuerdos duran mucho, los malos mucho más.

Mentira

Quintiliano
El mentiroso debe tener buena memoria.

proverbio americano
El mentiroso está dispuesto a decir cien verdades para que se acepte una mentira.

proverbio alemán	Miente enseguida si quieres mentir bien.
proverbio siciliano	Un mentiroso sin buena memoria es como un bailarín sin piernas.
proverbio turco	Con la mentira sólo compras humo.
proverbio francés	La mentira engaña sólo a quien la dice.
Vladimir Rollenhagen	La falsedad gobierna el mundo.
proverbio africano	La cuerda de la mentira es corta.
proverbio africano	Quien apunta a la sospecha le dará a la mentira.
proverbio toscano	El mentiroso es un ladrón.
proverbio toscano	Quien siempre miente, vergüenza no siente.
proverbio toscano	Quien calla otorga.
Biblia	Todos los hombres son mentirosos.
William Shakespeare	Mentir no les conviene más que a los mercaderes.
proverbio rumano	Cuando la lengua se traba es que la verdad está hablando.
proverbio tibetano	Una mentira es un salto desde el tejado.
proverbio turco	Miente, pero con medida.
proverbio ruso	En el mar de las mentiras no nadan más que peces muertos.
proverbio francés	Los buenos disimuladores son los vencedores.
proverbio español	A preguntas indiscretas contesta con una mentira.
proverbio inglés	Comerciante que no sabe mentir ya puede cerrar su negocio.
Samuel Ruckert	Quien miente una vez tiene que acostumbrarse a las mentiras; porque hacen falta siete mentiras para ocultar una.
proverbio francés	Todos los hombres nacen sinceros y mueren mentirosos.
Henri Bataille	Mentir es la cortesía del amor.
proverbio americano	El pecado tiene muchos complementos, pero la mentira es el mango que se adapta a todos.

Miedo

La Fontaine	El excesivo temor a menudo nos hace caer.
Giacomo Leopardi	Las cosas ignotas asustan más que las conocidas.
proverbio toscano	Bien hecho por miedo no vale nada y no dura.
proverbio italiano	Quien tiene miedo que no vaya a la guerra.
proverbio chino	Bajo las piedras puede esconderse un escorpión. Procura no tocar las piedras, podría picarte. [Quien se esconde, siempre acecha.]
Voltaire	Los Estados se pierden con la timidez.
Friedrich von Schiller	Quien no le teme a nada no es menos poderoso que quien le teme a todo.
proverbio chino	El hombre valiente no debe saber lo que es el miedo.
proverbio italiano	Con el miedo se llega a los noventa.
proverbio chino	Una mujer acostumbrada a perder hijos no conoce el miedo.
proverbio esquimal	El miedo del amigo es un veneno, el miedo del enemigo es un tónico.
proverbio árabe	El miedo da fuerzas a aquellos que tienen que defender a sus hijos.
Franklin Delano Roosevelt	De lo único que debemos tener miedo es del propio miedo.
proverbio chino	Lo que asusta, atrae. [La fruta prohibida es siempre la más sabrosa.]
proverbio chino	Temed las hojas que caen, pueden abrirnos la cabeza.
proverbio chino	Se tiene menos miedo de los demás que de nosotros mismos.
proverbio italiano	Quien corre, corre y quien huye vuela.
proverbio italiano	El miedo y las desgracias hacen sudar en enero.
proverbio coreano	El miedo es hermano de la cobardía y primo de la humildad.
proverbio italiano	Del mal que se teme se muere.

proverbio italiano	Quien teme la patada de una mosca recibe la de un caballo.

Misantropía

Charles Chincolle	El misántropo se odia más a sí mismo que a los demás.
Mme. de Girardin	Los misántropos son honestos; por ello son misántropos.

Moda

proverbio irlandés	Un buen plumaje hace aceptar una magra vianda.
proverbio francés	Las personas insignificantes siguen la moda, las presuntuosas la exageran, las de buen gusto llegan a un acuerdo con ella.
Molière	Todos los vicios, cuando están de moda, pasan por virtudes.
Sanial Dubay	La autoridad de la moda es tal que nos obliga a ser ridículos para no parecerlo.
proverbio alemán	La moda es tan caprichosa como la mujer.

Moderación

Benjamin Disraeli	También en el exceso hay moderación.
Ovidio	El camino más seguro es el de en medio.
Horacio	*Est modus in rebus.* (Hay una medida en las cosas.)
proverbio italiano	Pan duro, vino áspero y leña verde hacen la economía de una casa.
proverbio milanés	La regla mantiene en pie al convento.
proverbio italiano	Casa grande, panes pequeños.
proverbio veneciano	Remo corto, barca pequeña.
Hans Marbach	El que ha acabado con su estómago, alaba la moderación.

proverbio milanés	Lo que se tira con los pies, deberá recogerse algún día con las manos.
proverbio milanés	Todo existe por algo, incluso las uñas para pelar los ajos.
proverbio chino	No se puede tragar una manzana entera. [Hay que asimilar las enseñanzas poco a poco.]
proverbio toscano	Basta con vencer.
proverbio toscano	El que más bosques busca, más lobos encuentra.
proverbio toscano	El exceso hace daño.
Terencio	Yo pienso que en la vida es muy útil no excederse en nada.

Modestia

proverbio americano	Los modestos no hablan de sus méritos.
Charles Duclos	La modestia es el único esplendor que se puede añadir a la gloria.
proverbio alemán	Todos los grandes son modestos.
proverbio francés	La modestia sincera es un suicidio: siempre se nos cree al pie de la letra.
Arthur Schopenhauer	La modestia en las capacidades medias es siempre honesta, en los genios es hipocresía.
proverbio alemán	La modestia es el valor de los que no tienen virtud.
proverbio francés	Una mujer modesta es modesta cuando tiene poco que esconder.
proverbio irlandés	La modestia consiste a menudo en no decir lo que se piensa de uno mismo.

Moral

Jonathan Zangwill	La moralidad fue hecha para el hombre, y no al revés.
proverbio chino	El hombre moral se adapta a las circunstancias de la vida.

proverbio chino	El hombre moral no desea nada que esté más allá de su propia condición.
proverbio chino	Ser un hombre es fácil, ser un auténtico hombre es difícil.
Alain Dufresnes	Lo malo es que las máximas se escriben más para los demás que para uno mismo.
Hugo Foscolo	Los hombres no tienen más que dos frenos: el pudor y la horca.
proverbio serbio	La moral tiene tantas normas como hombres hay en la tierra.
proverbio francés	La moral es una invención de los listos.
proverbio chino	La auténtica elocuencia se burla de la elocuencia, la auténtica moral de la moral.
proverbio francés	La moral es la forma más cruel de maldad.
proverbio italiano	La moral es inútil y a menudo dañina.
proverbio francés	No desprecies la moral simple: es la única que vale algo.
proverbio libanés	Lo que la moral quiere no está nunca en consonancia con los instintos.
Napoleón	La moral es a menudo pasaporte de la maldad.

Muchachos

proverbio italiano	Las muchachas son como los caballos: si no se les da rienda suelta de jóvenes pierden su dicha.
proverbio italiano	Las hijas son una mercancía que no debe madurar en casa.
proverbio indio	El mismo Satán reza por la protección de las jóvenes.
proverbio indio	Casar a una joven es tan necesario como excavar un pozo.
proverbio francés	Un muchacho nunca es feo.
proverbio francés	Los muchachos se nutren de fantasía.

dicho americano	Los jóvenes buscan lo imposible, y lo consiguen generación tras generación.
proverbio italiano	Joven ocioso, viejo necesitado.

Muerte

proverbio chino	Cuando se estampa el sello sobre la respiración, nadie puede encontrar el camino de vuelta. Los sabios no lloran ni vivos ni muertos.
proverbio africano	Los rezos no asustan a la muerte.
proverbio africano	No hay colinas sin tumbas.
Biblia	El hombre no conoce su hora.
Francis Bacon	Los hombres le tienen el mismo miedo a la muerte que los niños a la oscuridad.
Cicerón	La vida de los muertos está en la memoria de los vivos.
proverbio alemán	Lo terrible no es la muerte, sino el morir.
proverbio judío	La costumbre de vivir no nos prepara para la muerte.
Téophile Gautier	Nacer es empezar a morir.
proverbio africano	Todos los días son perezosos, excepto el día de nuestra muerte.
proverbio judío	La muerte es una hoz y nosotros somos hilos de hierba.
La Rochefoucauld	No se puede mirar fijamente ni al sol ni a la muerte.
proverbio árabe	Nadie escapa de la muerte.
Arturo Graf	Si la muerte no existiese no habría poesía en la vida.
Ovidio	Todo cambia y nada muere.
proverbio árabe	La muerte no se atrasa ni un minuto.
Napoleón	La muerte es un sueño sin sueños.
Catón	No le teme a la muerte quien sabe apreciar la vida.
proverbio chino	Nadie es rey en el largo viaje hacia el reino de los dioses. [Todos los hombres son iguales frente a la muerte.]

proverbio francés	Contra la muerte no hay apelación.
proverbio latino	*Mors tua, vita mea.* (Muerte tuya, vida mía.)
proverbio francés	La vida tiene pocos amigos, la muerte ninguno.
dicho francés	La muerte no sabe la edad ni el día.
escuela médica salernitana	No hay medicina en los huertos contra la fuerza de la muerte.
Bertrand Barère	No existen más que los muertos que no regresan.
proverbio italiano	La muerte nos prueba a todos una sola vez.
Blaise Pascal	El último acto es terrible, por muy buena que en los otros haya sido la comedia.
proverbio inglés	La muerte es la auténtica justicia.
proverbio americano	En este mundo nada es seguro, excepto la muerte y los impuestos.
Molière	No se muere más que una vez, y es para mucho tiempo.
Friedrich von Schiller	Los muertos no se levantan.
proverbio latino	A los ojos de la muerte todos somos iguales.
dicho popular romano	A menudo la muerte es mejor que la vida. Pero el amor es más hermoso que la muerte.
Giuseppe Ungaretti	La muerte se supera viviendo.
proverbio español	El cadáver del papa no ocupa más que el del sacristán.
proverbio español	El muerto, al hoyo, y el vivo, al bollo.
proverbio español	La muerte es un segador que nunca descansa.
proverbio español	No hay remedios contra la muerte, pero la muerte en sí es un remedio.
proverbio español	El muerto y el convidado a los tres días apestan.
Biblia	Es mejor un perro vivo que un león muerto.
proverbio chino	El que nace está destinado a convertirse en polvo.
proverbio toscano	La muerte no tiene calendario.
proverbio turco	Los deseos del muerto se van con él.
proverbio toscano	A nadie le son negados seis pies de tierra.
proverbio italiano	La muerte llama a todas las puertas.
proverbio colombiano	Quien debe morir lo hace a oscuras.

proverbio japonés	La muerte no tiene boca.
proverbio italiano	El que muere yace, el que vive se resigna.
proverbio judío	El hombre nace y muere con las manos vacías.
proverbio criollo	Hermoso funeral, no hay paraíso.
proverbio rumano	El que teme a la muerte pierde la vida.
proverbio italiano	La muerte nos pilla por sorpresa.
proverbio polaco	Todos debemos un muerto a Dios.
proverbio yugoslavo	Quien no quiere morir no debía haber nacido.
proverbio americano	La muerte es la gran justiciera.
Francesco Petrarca	Una bella muerte toda la vida honra.

Mujer

proverbio americano	Consulta a tu mujer y obra por tu cuenta.
proverbio africano	Una mujer soltera tiene un ala rota.
proverbio chino	No es la virtud de una mujer sino su cólera lo que no tiene fin.
dicho judío	Si mi madre no fuera una mujer mandaría ahorcar a todas las mujeres.
	Las mujeres buenas están todas en el cementerio.
	Las mujeres son siempre mejores al año siguiente.
	La mujer mantiene el secreto sólo acerca de cosas que ignora.
proverbio japonés	Con uno solo de sus cabellos una mujer puede arrastrar un elefante.
proverbio inglés	Cuanto más pegas a un español y a una mujer más mejoran.
proverbio italiano	Todo viene de Dios, excepto las mujeres.
proverbio milanés	La mujer por pequeña que sea, es más astuta que el diablo.
proverbio rumano	Muchas hijas, miseria en casa.
proverbio ruso	Dios reparte las mujeres y la muerte.
proverbio español	La mujer decente sufre más que se divierte.
proverbio español	No hay mula con cuernos, ni mujer discreta.

proverbio español	A la mujer como a la cabra, cuerda larga.
proverbio español	No hay mujer más buena que la mujer ajena.
proverbio español	La fortuna del padre embellece a la muchacha más fea.
proverbio español	Lo que escatimes a tu mujer, no lo gastes en beber.
proverbio español	Nunca les falta quehacer, ni al cura ni al diablo, ni a la mujer.
proverbio toscano	Allí donde hay mujeres y gatos, hay más palabras que hechos.
	Mujer rogada niega, abandonada ruega.
proverbio véneto	*Vin vecio e dona zovene.** (Vino viejo y mujer joven.)
proverbio italiano	La mujer honrada puede estar en el ejército.
proverbio iraní	Las mujeres se conquistan como las fortalezas: por sus entradas secretas.
anónimo	Hay ciertas cosas que una mujer ve con más agudeza que cien hombres.
anónimo	Primero el beso y luego las uñas, así hacen todas.
Ludwig Börne	Inspirar amor es la incesante aspiración de las mujeres.
Ludwig Börne	La amada es leche, la novia mantequilla, la mujer queso.
Paul Bourget	Existe siempre un rinconcito de silencio en las más sinceras confesiones de las mujeres.
Cesare Cantù	Donde hay una mujer, el pobre no sufre.
Fernand de Croisset	Para una mujer, una idea tiene siempre una cara.
George Eliot	Las mujeres más felices, al igual que las naciones más felices, no tienen historia.
Eurípides	La mujer es el peor de los males.
Francisco I, rey de Francia	Toda mujer es voluble.
John Gay	La mujer que nunca ha amado, no ha vivido.
François Gerfaut	La mujer superior peca a menudo de la inferioridad de hacer la corte a los hombres.
François Gerfaut	El hombre perdona y olvida; la mujer sólo perdona.

* En dialecto veneciano en el original. (N. de la T.)

proverbio inglés	Una mujer tiene tantas vidas como un gato.
François de Malherbe	La mujer es un mal fatal para los náufragos.
Philip Massinger	Mejor ser esclavo del diablo que de una mujer.
Luigi Pirandello	Las mujeres, como los sueños, no son nunca como desearías.
proverbio italiano	Quien dice mujer dice dolor.
Plauto	La mujer huele bien, cuando no huele a nada.
proverbio francés	Cuando las mujeres no hablan, es cuando más mienten.
proverbio árabe	No te fíes de tres cosas: del rey, del caballo y de la mujer. El rey atormenta, el caballo huye, la mujer es pérfida.
proverbio francés	La mujer ríe cuando puede, llora cuando quiere.
proverbio español	Mujer sin compañero, esperanza sin trabajo, barco sin timón, no llegan nunca a buen puerto.
proverbio toscano	Las mujeres dicen siempre la verdad, pero no toda.
proverbio francés	Los hombres hacen las obras, pero las mujeres hacen a los hombres.
proverbio americano	La mano que mece la cuna es la mano que rige el mundo.
proverbio francés	Nosotros pertenecemos a las mujeres, mientras ellas nos pertenecen.
proverbio francés	Cuantos más amantes ha tenido una mujer, más necesidad de amar tiene.
proverbio francés	Toda mujer es del primero que sabe soñar con ella.
Aulo Gellio	La mujer es un mal necesario.
Jeanne Marie Roland	Vender placer, felicidad y esperanza ha sido siempre el comercio más lucrativo: éste es precisamente el comercio de los escritores, las mujeres, los curas y los reyes.
Publilio Siro	Una mujer o ama u odia, no hay término medio.
proverbio chino	No juzgues a tu mujer; cuanto más la juzgas menos la quieres.

proverbio chino	Quien no sabe llorar de amor por su mujer, nunca sabrá llorar de alegría por ella.
proverbio chino	Es peor irritar a una mujer vieja que a un perro rabioso.
proverbio chino	Se conoce el rostro de las mujeres, pero no su corazón.
proverbio chino	Todo en la mujer es un enigma, pero todo en ella tiene solución.
proverbio chino	Existen cosas muy bien inventadas, por ejemplo el seno de la mujer: es útil y placentero.
proverbio chino	Sólo cuando la mujer tiene hijos puede entender el amor de su madre.
proverbio chino	Aun cambiando de sombrero, las mujeres no cambian nunca de cerebro.
proverbio chino	Es más fácil querer a una mujer que conseguir que ella te quiera.
proverbio chino	El corazón del hombre es como su reloj: la mujer se lo roba en un momento de distracción.
proverbio chino	El gran hipócrita llora para que le crean; las mujeres y los infames lloran para que les compadezcan.
proverbio persa	Allah cogió una rosa, un lirio, una paloma, una serpiente, un poco de miel, una manzana del mar Muerto y un puñado de polvo. Cuando miró la amalgama era una mujer.
proverbio italiano	Lágrimas de mujer, manantiales de malicia.
proverbio italiano	Donde la mujer domina y gobierna, la paz no existe.
proverbio bergamasco	*Le dòne le gh'à lungh i caéi e curt i servei.** (Las mujeres tienen el pelo largo y el cerebro corto.)
proverbio francés	La mujer se lamenta, se queja, la mujer está enferma cuando quiere.
proverbio francés	Busca a la mujer.
proverbio latino	Quien confía en una mujer confía en un ladrón.

* En bergamasco en el original. (N. de la T.)

174

Es más fácil acusar a un sexo que excusar al otro. La mujer fue el segundo error de Dios. Parece que el primero fue el hombre.

proverbio francés — Cuando habla una mujer bella siempre tiene razón.

proverbio veneciano — Mujeres y problemas nunca faltan.

proverbio americano — Andar siempre con mujeres es tan peligroso como abusar del vino; mata moralmente.

proverbio alemán — Que digan los hombres lo que quieran: es siempre la mujer quien los domina.

proverbio francés — La mujer sin amor es como el hombre sin trabajo.

proverbio italiano — Mujer vigilada medio conquistada.

proverbio francés — No culpes a las mujeres de ser lo que son: las hemos hecho así nosotros, deshaciendo la obra de la naturaleza.

Mundo y mundanidad

proverbio latino — El mundo es como un teatro: vienes, ves y te vas.

George Byron — La buena sociedad es una manada de refinados, formada por dos tribus principales: los que fastidian y los que son fastidiados.

proverbio inglés — Sé sabiamente mundano, no mundanamente sabio.

proverbio árabe — Juzga al mundo con la balanza de la inocencia.

Sthendal — Para gozar íntimamente y para amar se precisa soledad, pero para triunfar hay que vivir en este mundo.

proverbio árabe — No mires el mundo desde un tragaluz.

proverbio árabe — La guerra es la naturaleza del mundo.

Ralph Waldo Emerson — El mundo existe según la educación de cada uno.

Giacomo Leopardi — El mundo es una alianza de tunantes contra los hombres de bien y de viles contra generosos.

Oscar Wilde — El verdadero misterio del mundo reside en lo visible, no en lo invisible.

proverbio italiano	Teatro es el mundo y marioneta es el hombre.
proverbio indio	El mundo halaga al elefante y menosprecia a la hormiga.
proverbio italiano	Hay que tomar el mundo tal y como viene.
Thomas Selle	El mundo es un tirano; sólo los esclavos le obedecen.
proverbio armenio	Si tu corazón es pequeño, ¿de qué te sirve que el mundo sea tan grande?
proverbio alemán	El mundo ama ser engañado.
Tagore	¡Leemos el mundo al revés y nos quejamos porque no entendemos nada!
	El mundo es un conjunto de tontos y listos.
proverbio inglés	Este mundo es una comedia para aquellos que piensan, una tragedia para aquellos que sienten.
proverbio chino	Los desastres del mundo nacen del odio, la fortuna de la bondad del corazón.
proverbio universal	El mundo es una rueda.
proverbio italiano	En cualquier parte estamos bajo el mismo cielo.
proverbio chino	El mundo es una jaula de buenas y malas acciones; todas las almas se convierten en caza. El único cazador inexorable es el tiempo.
proverbio italiano	El mundo es bello porque es variado.
proverbio italiano	El mundo es una escalera: hay quien baja y hay quien sube.
proverbio italiano	El mundo no se hizo en un día.

Música

sobre un órgano doméstico en Suiza	La música, cuando menos, seca las lágrimas y conforta los corazones.
proverbio chino	La música es lo que aproxima a los hombres.
proverbio chino	La música invita a la acción.
proverbio inglés	La esfera de la música es la conmoción, no el pensamiento.

proverbio americano	La música es el mosaico del aire.
proverbio alemán	La música es la llave del corazón femenino.
proverbio francés	Cuanto más alto es el campanario, más puro es el sonido de las campanas.
proverbio portugués	La campana te saluda al nacer, y te acompaña al cementerio.
proverbio japonés	La música es reposo y armonía.

Naturaleza

proverbio francés	La naturaleza no tolera mentiras.
James R. Lowell	Mayo es un pío fraude del almanaque.
proverbio chino	La madera podrida no puede ser tallada.
proverbio indio	Aunque se lave con agua de rosas, el ajo no pierde su olor.
Persio	Nada nace de la nada, nada acaba en nada.
Mary Wortley Montagu	Rara vez la naturaleza se equivoca, las costumbres siempre.
proverbio irlandés	Una mona vestida de seda, mona se queda.
proverbio americano	La naturaleza es un arte desconocido.
Francis Bacon	La fragancia de las flores es mucho más dulce en el aire que en la mano.
proverbio latino	*Natura non facit saltus.* (La naturaleza no da saltos.)
proverbio chino	La naturaleza tiene terror del vacío.
William Burke	Las tinieblas inspiran ideas más sublimes que la luz.
proverbio francés	De un saco de carbón no puede salir más que carbón.
proverbio griego	El perro ladra hasta en el templo.
Herbert-Spencer	Las normas de la naturaleza no tienen excepciones.
proverbio alemán	Nadie puede cambiarse, pero todos podemos mejorar.
proverbio inglés	El volumen de la naturaleza es el libro de la ciencia.

proverbio chino	Grande es la naturaleza en las grandes cosas, mucho más grande en las más pequeñas.
Michel de Montaigne	La naturaleza es una poesía enigmática.
proverbio chino	El campesino tiembla seis meses por frío y seis meses por miedo.

Necesidad

proverbio chino	Quien prescinde de los dioses los necesita a todos.
Robert Browning	La necesidad aguza el ingenio.
Cesar Cantu	Cuantas menos necesidades, más libres sois.
Benjamin Franklin	La necesidad no hizo nunca buen negocio.
Wolfgang Goethe	La ley es fuerte, pero más poderosa es la necesidad.
proverbio francés	Hasta la reina necesita a la vecina.
La Fontaine	Estómago hambriento no atiende a razones.
proverbio inglés	La necesidad enseña a rezar incluso a los reyes.
proverbio toscano	Para el hambriento es grato todo alimento.
proverbio toscano	Quien se ahoga grita aunque no le oigan.
proverbio toscano	Cuando el agua llega al cuello se aprende a nadar.
proverbio toscano	El perro hambriento no evita los palos.

Necios

Beaumarchais	Necedad y vanidad son compañeras inseparables.
Alexandre Dumas, hijo	Prefiero los malvados a los imbéciles: por lo menos aquéllos descansan.
Oscar Wilde	La estupidez es el único pecado.
Gustave Flaubert	La necedad es una fortaleza inexpugnable: todo cuanto choca contra ella se rompe.
Napoleón	El necio tiene una gran ventaja sobre el hombre ingenioso; siempre está contento de sí mismo.
proverbio asiático	Los necios escriben sus nombres en todas partes.
Publilio Siro	La suerte convierte en necios a los que quiere arruinar.

Negocios

Alexandre Dumas, padre	En los negocios no existen amigos, sólo hay clientes.
proverbio chino	A grandes provechos grandes riesgos.
proverbio chino	Cada comercio tiene sus caminos.
proverbio francés	Los negocios son el dinero de los demás.
dicho milanés	Comerse el heno verde [es decir, hacer malos negocios].
proverbio chino	Es fácil abrir un negocio, lo difícil es mantenerlo abierto.
proverbio chino	Guárdate de quien te propone un negocio diciendo que no quiere ganancias.
proverbio chino	Los negocios más rentables son aquellos que los demás hacen por cuenta nuestra.
proverbio francés	Quien no tenga dinero no tenga deseos.
proverbio italiano	Pactos claros, larga amistad.
proverbio italiano	Quien compra tierra, compra guerra.
proverbio lombardo	Quien tiene socios en negocios tiene un patrón.
proverbio napolitano	Si pagas antes serás mal servido.
dicho napolitano	Ha perdido los harapos y hasta los clavos.
proverbio véneto	Da crédito y perderás el cliente.
proverbio véneto	En este mundo hay quien sale a flote y quien se va al fondo.
proverbio serbio	Empieza por vender el tronco, luego venderás también el barril.
proverbio milanés	Cuando la mercancía es buena te la quitan de las manos.
proverbio lombardo	El vino es bueno si la tabernera es guapa.
proverbio milanés	Quien compra aprende a gastar pero también a vender.
proverbio chino	Vende, vende que luego comprarás.
proverbio milanés	El que paga la deuda pierde el crédito.

proverbio italiano	El aparcero endeudado con el patrón nunca será despedido.
proverbio chino	No conviene hacer negocios con quien habla un doble lenguaje.
proverbio español	Habla de un negocio cuando lo hayas hecho.
proverbio catalán	*No diguis «blat» fins tenir-lo al sac i ben lligat.* (No digas «trigo» hasta tenerlo en el saco, bien atado.)
proverbio chino	La madera no se vende en el bosque y los peces no se venden en medio del lago.
proverbio milanés	Primero se paga y luego se discute.
proverbio lombardo	Negocio divulgado medio arruinado.
proverbio milanés	Para pagar y para morir se está siempre a tiempo.
proverbio véneto	La mercancía no es de quien la hace sino de quien la vende y de quien la compra.
proverbio italiano	El que hace negocios no mira a la cara a nadie.
proverbio español	Más vale pájaro en mano que ciento volando.
proverbio francés	Tira adelante los negocios y evita que ellos tiren de ti.
proverbio francés	Dios nos guarde de quien tiene en la cabeza sólo un negocio.
proverbio francés	Negocio llevado con poco ruido resulta más ventajoso.
proverbio italiano	Quien lleva sus negocios solo no se ensucia las manos.
proverbio judío	Negocios cercanos alimentan al patrón, negocios lejanos se lo comen de un solo bocado.
proverbio ruso	Los hombres hacen negocios y los negocios hacen a los hombres.
proverbio belga	El mejor negocio resulta siempre el más dañino.
proverbio francés	Los negocios son el dinero de los demás.
proverbio inglés	No se pueden hacer negocios sin encender una vela al diablo.
proverbio inglés	Mal negocio aquel en que nadie gana.

Niños

dicho napolitano	Cada escarabajo es hermoso para su madre.
proverbio milanés	Feo en pañales y hermoso de adulto.
proverbio milanés	Feo en pañales y calvo de adulto.
Juvenal	Los chicos merecen el máximo respeto.
Arturo Graf	Pobre el hombre que no sea un poco niño.
Algermon Charles Swinburne	Donde no hay hijos, no hay cielo.
	Los muchachos son la sonrisa del mundo.
Charles Dickens	Cada niño que nace en el mundo es más hermoso que el anterior.
	No hay que reírse de las lágrimas de un niño.
proverbio francés	Todos los dolores son iguales.
Novalis	Un niño es un amor visible.
Talmud	El mundo se sostiene gracias al aliento de los niños.
Cate Douglas Wiggin	La infancia es una eterna promesa que nadie mantiene.

Nobleza

Juvenal	La sola, la única nobleza es la virtud.
proverbio alemán	Un corazón noble se confiesa con facilidad vencido por la razón.
proverbio español	Nobleza obliga.
proverbio francés	No hay nobleza en la pereza.
proverbio francés	No busques de dónde vienes, mira hacia dónde vas.
dicho francés	Ningún hombre es grande por su criado. Pero no es porque el hombre no sea grande, sino porque el criado es un criado.
	Un rey puede hacer un noble, pero no un gentilhombre.
Salustio	La soberanía es un mal común entre los nobles.

proverbio americano	Los títulos son abolidos, y la República está llena de personas que los reclaman y los llevan.
proverbio ruso	Vivir como un noble no se puede, como un campesino no se quiere.

Noche

proverbio italiano	La noche trae consejos.
proverbio inglés	De noche todos los gatos son pardos.
proverbio inglés	El día tiene ojos y la noche oídos.
proverbio suizo	Lo que no brilla de día, brilla de noche.
proverbio toscano	De noche todas las mujeres son bellas.

Novedad

Terencio	No hay nada que no haya sido dicho antes.
Biblia	No hay nada nuevo bajo el sol.
proverbio italiano	Escoba nueva barre bien.
proverbio italiano	Ninguna nueva, buena nueva.
proverbio francés	Las buenas noticias llegan siempre tarde, y las malas tienen alas en los pies.
Friedrich von Schiller	Toda novedad, incluso la felicidad, asusta.
dicho griego	Desconfía de las novedades.
proverbio francés	Las novedades son la sal de la vida.
proverbio napolitano	Cafetera nueva, café malo.

Obediencia

Confucio	Piedad y obediencia: éstas son las raíces de la humanidad.
proverbio americano	La obediencia da derecho al mando.
proverbio finlandés	El que no quiera entender con las orejas, lo hará con la espalda. [Quien no obedezca por las buenas lo hará por las malas.]

proverbio alemán	La palabra es libre, la acción muda, la obediencia ciega.
William Shakespeare	Los que no saben gobernar, obedecen.
proverbio inglés	Quien no quiera obedecer a la madre obedecerá a la madrastra [porque la insubordinación del hijo conduce a la madre a una muerte prematura].
Michel de Montaigne	De la obediencia y de la resignación nacen todas las virtudes.
proverbio ruso	La fuerza y la gloria de todas las criaturas consiste en su obediencia, no en su libertad.
proverbio portugués	Quien no aprende a obedecer de niño, obedecerá a las leyes de mayor.

Obras

proverbio español	Todos somos hijos de nuestras obras.
Wolfgang Goethe	Si piensas que puedes hacer una cosa hazla. En la acción hay genialidad, potencia y magia.

Observación

Alexandre Dumas, hijo	Quien lee sabe mucho, pero el que observa sabe mucho más.
proverbio griego	Observa la naturaleza para entender la vida.
dicho inglés	Dos personas miran afuera a través de los mismos barrotes. Una ve el barro, la otra las estrellas.

Obstinación

proverbio italiano	Si has errado el camino vuelve atrás.
proverbio italiano	Es mejor arrepentirse una vez que nunca.
La Rochefoucauld	La obstinación nace de la estrechez de ánimo.
proverbio toscano	El que tiene la cabeza dura, cuando la golpea fuerte rebota.

proverbio alemán	La obstinación es el sucedáneo más barato del carácter.
proverbio americano	Ciertas opiniones son más fuertes incluso que la muerte.

Ocasión

Francis Bacon	Un sabio se crea más oportunidades de las que en principio encuentra.
Edwin Lichtenberg	La ocasión no sólo hace a los ladrones, también hace a los grandes hombres.
proverbio húngaro	Una puerta sin cerradura es un cebo para un tunante.
proverbio chino	Mira el cielo cuando camines, porque frente a ti puede alzar el vuelo un pájaro [es decir, no pierdas ninguna ocasión].
proverbio italiano	La ocasión hace al ladrón.

Ocio

	El ocio es el yunque sobre el cual se forjan todos los pecados.
Remy de Gourmont	El ocio es la mejor y más grande conquista del hombre.
proverbio latino	Para los gandules es siempre fiesta.
proverbio chino	El ocio es un gran tormento, el trabajo un gran reposo.
proverbio ruso	El agua estancada pronto se vuelve impura.
Santa Catalina de Siena	Desgraciado aquel que pudiendo tener fuego se deja morir de frío y que teniendo alimentos se deja morir de hambre.
Lucano	En el ocio el espíritu se difumina en mil pensamientos distintos.
Ludovico Antonio Muratori	No haciendo nada se aprende a hacer mal.

proverbio italiano	Un hombre ocioso está en la cabecera del diablo.
proverbio ruso	El que muere es el perezoso no el viejo.
proverbio kurdo	La mano ociosa reposa siempre sobre un estómago vacío.
proverbio alemán	Cuando las manos están ociosas la cabeza se cansa.

Odio

James R. Lowell	La gente no comprende nunca a los que odia.
Cicerón	Que me odien, siempre y cuando me teman.
Séneca	Los odios escondidos son peores que los manifiestos.
proverbio español	El edificio del odio está construido con las piedras de las afrentas.
proverbio francés	El odio es el amor de los desesperados.
Alessandro Manzoni	Una de las ventajas de este mundo consiste en poder ser odiados sin conocerse.
proverbio latino	El miedo genera odio.
proverbio chino	Tras un gran odio queda siempre uno pequeño.
proverbio español	Oculta tu odio y será más eficaz.
Biblia	El odio y el amor son la sal de la tierra.
dicho francés	El odio es más fuerte que el amor, pero ¿no es el amor más fuerte que cualquier pasión?
proverbio ruso	El odio es más fuerte que el amor, pero el amor dura más.
proverbio árabe	El odio con el tiempo se debilita, y acabamos sintiendo apego por el objeto odiado.
proverbio inglés	El odio es como el fuego que acecha bajo las cenizas.
Tácito	El odio entre parientes es más profundo.
proverbio chino	El hombre odiado por el hombre que tú odias es una buena persona.
proverbio alemán	El amor y el odio son parientes.

proverbio español	Quien te quiere te hará llorar, quien te odia te hará reír.
proverbio romántico inglés	Los grandes amores conducen a grandes odios.
proverbio italiano	El odio más grande se siente hacia quien se ha querido mucho.
proverbio latino	El odio es hijo del miedo.
proverbio alemán	El odio es hijo de la ignorancia.

Ofensa

proverbio chino	Quien ofende olvida, pero quien es ofendido recuerda para siempre.
proverbio árabe	Ofensa vieja quema más.
proverbio italiano	Que no olvide su acción el que ofende [porque si no serán los ofendidos los que se la recordarán cuando menos se lo espere].
proverbio toscano	Cuando se va a ofender es mejor llevar dos sacos [uno para las ofensas que proferiremos, y otro para recoger las que recibiremos].
proverbio italiano	El que ofende no perdona.
proverbio español	No hay mayor grandeza que la del que sabe olvidar las ofensas.

Olvido

proverbio alemán	Una buena forma de desacreditarse es olvidar.
proverbio turco	El tonto cuando monta a caballo se olvida de Dios, cuando baja del caballo se olvida del caballo.
proverbio español	La única forma útil de olvidar es la de olvidar por completo.
proverbio francés	Quien ama mucho, tarda en olvidar.
proverbio irlandés	Hace falta buena memoria para no olvidarse de olvidar.

proverbio inglés	Lo que querrías olvidar es aquello que querrías recordar de otra forma.
proverbio italiano	El olvido es la medicina de los infelices, de la misma forma que el recuerdo es el elixir de los felices.

Opinión

Terencio	Hay tantas opiniones como hombres.
Jane Austen	Cuando una opinión es general, suele ser correcta.
Antole France	Las acciones humanas se juzgan según el placer o el dolor que nos proporcionan.
Arturo Graf	No desprecies nunca la opinión contraria a la tuya.
proverbio dialectal lombardo	Hay tantas ideas como cabezas.
proverbio serbio	Incluso la campana no suena igual todos los días.
Ovidio	Una mala causa empeora al querer defenderla.
proverbio alemán	Las opiniones oscilan, los juicios son firmes.
proverbio italiano	Una opinión que se parece a la nuestra es siempre una buena opinión.
proverbio alemán	La impresión de última hora determina la opinión miope de muchos.
proverbio chino	Las opiniones diversas son la demostración de la existencia de la civilización.

Optimismo

Mme. de Girardin	De todos los presagios siniestros, el más grave, el más infalible, es el optimismo.
proverbio americano	El optimismo es el motor del hombre.
proverbio árabe	El optimismo es un don de Dios; el pesimismo un descubrimiento del hombre.
proverbio español	Lo peor no siempre es cierto.

proverbio francés	Optimismo es ceguera.
proverbio italiano	El optimismo es salud.

Oración

Victor Hugo	Ciertos pensamientos son como oraciones. Hay momentos en que, sea cual sea la posición del cuerpo, el alma está de rodillas.
Mme. Amiel-Lafayre	Orar es dejar la tierra.
proverbio japonés	Hasta una cabeza de sardina puede hacer milagros cuando se le reza con fervor.
proverbio holandés	Demasiados rezos acaban en un saco.
proverbio japonés	Ora a los dioses con amor, no con miedo.

Orgullo

proverbio chino	La flor olorosa sigue pefumando una vez pisada.
Joseph de Beauchamp	Cuanto más hablamos de nuestras cualidades menos nos creen los demás.
proverbio toscano	La soberbia fue a caballo y volvió a pie.
proverbio español	Hay que subir lo más arriba posible para que la soberbia se quede en medio de la cuesta.
Blaise Pascal	Hasta la vida perdemos con placer, siempre y cuando se hable de ello.
proverbio alemán	Estupidez y soberbia salen de un mismo patrón.
proverbio toscano	Al orgullo no le faltó nunca cinturón.
Auguste Comte	El orgullo nos divide más que el interés.
Laurent Angliviel La Beaumelle	No deseéis ser ensalzados antes de ser grandes.
Pierre Veber	La susceptibilidad es la borra de la vanidad, el orgullo la ignora.
proverbio italiano	Hay que emplear el orgullo como la pimienta.
proverbio italiano	Cuando la soberbia galopa la vergüenza cabalga encima.
proverbio griego	La rana demasiado hinchada explota.

proverbio albanés	El orgullo es la causa de muchos remordimientos.
proverbio portugués	El orgullo ciega por unos instantes,
	dejando recuerdos indelebles.

Orígenes

proverbio chino	Cada río tiene su manantial, cada árbol su raíz.
	[Todo efecto tiene su causa.]
proverbio chino	Semilla no sembrada no produce nada.
proverbio inglés	No existe nada bueno que no sea original.
proverbio chino	Con arcilla haces un jarrón: de su interior vacío
	surge su utilidad.
proverbio ruso	Los propios orígenes son una marca indeleble.
proverbio francés	No reniegues de tus orígenes, te estarías
	traicionando a ti mismo.
proverbio chino	Un viaje de mil kilómetros se empieza
	moviendo un pie.
proverbio chino	Una casa de nueve pisos se empieza con un
	terrón de tierra.

Oro

proverbio chino	El oro une, el oro deshace, el oro otorga los
	órdenes sagrados.
proverbio chino	Dos grandes pedestales de granito rigen el
	mundo, el amor y el oro.
proverbio italiano	La mañana lleva oro en la boca.

Paciencia

Robert Browning	Es más fácil aconsejar soportar que soportar.
Arthur Schleiermacher	La paciencia es el arte de esperar.
de un viejo álbum del Tirol	Calla, sufre y ríe, la paciencia lo supera todo.
proverbio toscano	Al primer golpe no cae el árbol.

Séneca	Debes soportar con paciencia aquello que no puedas corregir o evitar.
proverbio toscano	La fatiga promete el premio y la perseverancia lo otorga.
proverbio italiano	Dura más el yunque que el martillo.
Ovidio	Ligero es el peso que se soporta con paciencia.
Publilio Siro	La paciencia del ánimo encierra tesoros.
proverbio chino	Intenta no cortar aquello que puedes atar.
proverbio africano	El pobre sin paciencia es como una lámpara sin aceite.
proverbio italiano	El mundo es de los pacientes.
proverbio español	Con paciencia se gana el cielo.
proverbio español	La paciencia es la madre de la ciencia.
proverbio chino	Para levantar la muralla es preciso colocar piedra sobre piedra.
proverbio francés	Las catedrales se construyen piedra sobre piedra.
proverbio italiano	Despacio se llega lejos.
proverbio chino	El hombre paciente se convierte en rey en China.
proverbio chino	Siéntate bajo la sombra de los bambús y calla. Verás cosas extraordinarias.
proverbio africano	Quien quiera miel que aguante la picadura de las abejas.
proverbio francés	La paciencia es el arte de esperar.
proverbio toscano	Con paciencia se alcanza la gloria.
proverbio italiano	Paciencia llevada a extremos se convierte en furor.
proverbio español	A la larga la lima se come el hierro.
proverbio italiano	La paciencia gana todas las guerras.
proverbio italiano	El agua lentamente excava la roca.

Padres

proverbio alemán	Las palabras del padre son más eficaces que los cachetes de la madre.

proverbio indio	En la prosperidad el padre; en la adversidad, la madre.
proverbio berebere	Si muere tu padre su almohada te servirá para dormir; si muere tu madre dormirás en el umbral de la puerta.
proverbio africano	Cuando muere la madre no quedan más parientes.
proverbio polaco	Lo que llega al corazón de una madre se queda en las rodillas del padre.

Pagar

proverbio inglés	El festín es bueno hasta que llega la cuenta.
George Byron	Qué cosa tan triste es cada pago.

Palabra

proverbio chino	Conversa amigablemente con los sencillos, encontrarás en ellos la alegría de vivir con sencillez.
proverbio checoslovaco	Nuestros padres nos han enseñado a hablar, y el mundo nos ha enseñado a callar.
proverbio escocés	Una buena historia no se gasta por ser contada dos veces.
proverbio toscano	Quien dice lo que quiere, oye lo que no querría.
proverbio chino	Quien sabe frenar la lengua es muy prudente, quien no la sabe frenar es un estúpido.
proverbio malayo	Aprendemos a conocer nuestros defectos a través de la lengua de los demás.
proverbio mongol	Un vestido demasiado largo se enreda en las piernas; una lengua demasiado larga embrolla la cabeza.
proverbio español	Hablar sin pensar es tirar sin mirar.
proverbio turco	Las palabras dulces hacen salir de la tierra a las serpientes.
proverbio africano	Las palabras resuenan más lejos que un disparo.

proverbio francés	Palabras de angelito, uñas de diablillo.
proverbio turco	La palabra del hombre es tan temible como el río crecido.
proverbio griego	Escucha lo que merece ser escuchado, aunque venga de los labios del enemigo.
proverbio chino	Si sabes habla, pero si no sabes apóyate en la puerta de madera de tu casa y escucha.
Carlo Dossi	Quien mucho dice, piensa poco.
proverbio italiano	Servir sin pedir nada es pedir demasiado [porque supone el reconocimiento del que es servido, y al hombre, como se sabe, no le gusta sentirse en deuda con alguien].
Mme. de Girardin	No son las palabras, sino el acento el que sabe convencer.
proverbio chino	Las peores calamidades salen de nuestra boca.
proverbio indio	Grandes palabras pero en pequeña medida.
proverbio iraní	Treinta y dos años no hablan en vano.
proverbio noruego	Las grandes palabras y la tela nueva encogen siempre.
proverbio chino	Se puede cortar la cabeza a un hombre, mas no se puede encadenar su lengua.
proverbio francés	Las palabras son los clavos que fijan las ideas.
Mme. de Knorr	A menudo se nos entiende mejor hablando menos.
proverbio japonés	Las palabras sinceras ofenden los oídos.
proverbio toscano	Con el alboroto del gallo se despierta el zorro.
proverbio indio	Un discurso adulador es un bocado amargo recubierto de miel.
proverbio italiano	Quien habla siembra, quien calla madura.
Jean de La Bruyère	Hay gente que habla un minuto antes de pensar.
Raoul de La Grasserie	Todo se puede hacer, pero no todo se puede decir.
Evangelio	La boca habla cuando el corazón está lleno.
proverbio persa	La palabra que guardas dentro de ti es tu esclava; aquella que escapa es tu dueña.
Pitaco	No sabe hablar quien no sabe callar.

proverbio toscano	Quien poco sabe en seguida habla.
proverbio español	La boca habla y la cabeza paga.
proverbio italiano	Quien quiere hablar bien debe pensar.
proverbio alemán	La conversación es hija del razonamiento.
proverbio español	No hables árabe en casa de un moro.
proverbio chino	Un compañero locuaz sirve de vehículo a lo largo del camino.
proverbio chino	Un golpe de lengua puede romper los huesos. [Hace más daño una palabra que un garrote.]
proverbio chino	Habla poco. Las palabras son como perlas preciosas cuyo valor aumenta en función de su escasez.
proverbio chino	Si tanto se admira la boca estrecha es porque las palabras entran y salen de ella forzadas.
proverbio chino	Se pueden tener opiniones personales sobre cualquier tema, y hablar sin embargo como el pueblo.
proverbio chino	Las buenas palabras y los malos hechos engañan a los sabios y resabian a los locos.
Talleyrand	Al hombre le fue dada la palabra para enmascarar su pensamiento.
dicho italiano	Habla igual que comes.
proverbio italiano	Por la boca muere el pez. Gran hablador, gran mentiroso.
proverbio italiano	La palabra es de plata y el silencio de oro.
proverbio alemán	Habla poco, escucha mucho, y nunca te equivocarás.
proverbio milanés	Los hombres se atan con palabras y los animales con cuerdas.
proverbio italiano	Donde falla el corazón hay más lengua.
proverbio escocés	El libro de los quizás es muy grueso.
proverbio milanés	Las palabras son como las cerezas, después de una vienen diez.
proverbio toscano	Demasiado rascar pica, mucho hablar perjudica.

proverbio toscano	Los hechos tienen remedio, las palabras no.
proverbio italiano	Lengua larga, mano corta.
proverbio italiano	No se habla nunca mejor que como cuando se está callado.
proverbio africano	Decir «fuego» no incendia la casa.
proverbio ruso	De donde salen las palabras sale también el alma.

Pan

proverbio ruso	Si quieres comer pan no permanezcas sentado sobre el horno.
proverbio francés	Según sea el pan será el cuchillo.
proverbio ruso	El pan no pesa en el hatillo.
proverbio danés	Es duro pagar el pan que ya ha sido comido.
proverbio francés	A todo se adapta quien necesita pan.
proverbio árabe	El que está acostumbrado a comer de tu pan tendrá hambre nada más verte.
proverbio italiano	Pan de sudor sabe muy bien.
proverbio italiano	Pan y problemas no faltan nunca.
proverbio ruso	Con un trozo de pan se encuentra el paraíso debajo de un abeto.

Parsimonia

proverbio chino	La parsimonia ayuda a mantenerse íntegro.

Pasado

proverbio japonés	Cuando se ha tragado se olvida la escaldadura.
proverbio italiano	Agua pasada no mueve molino.
proverbio ruso	Añorar el pasado es malgastar el presente.
proverbio yiddish	Un hombre es lo que es, no lo que ha sido.

proverbio alemán	A menudo los recuerdos son magníficos ejes de equilibrio.
proverbio italiano	Lo pasado, pasado está.

Pasión

La Rochefoucauld	Las pasiones son las únicas oradoras que siempre convencen.
proverbio francés	Todas las pasiones exageran, y son pasiones precisamente porque exageran.
Horacio	La naturaleza vuelve siempre corriendo aunque la eches.
Plutarco	Las nubes cubren a veces el sol, las pasiones el raciocinio.
Talmud	Cuanto más grande es el hombre más grandes son sus pasiones.
Anatole France	La pasión tiene todos los derechos porque se hace merecedora de todos los castigos.
La Rochefoucauld	La pasión a menudo enloquece a los hombres más hábiles y hace más hábiles a los más tontos.
proverbio chino	Para que la pasión no nos perjudique, debemos fingir que sólo nos quedan ocho días de vida.
Hipólito Nievo	La pasión tiene mucho de compasión.
proverbio chino	Refrena tus pasiones. Si las dejas libres se vuelven contra ti y te castigan.

Patria

proverbio francés	Para un comerciante la patria es la bolsa.
Edward Mahlmann	Buscas en vano lejos las alegrías que tienes en la patria.
Conde von Moltke	La suerte de cada nación reside sólo en la fuerza propia.
Napoleón	La primera virtud es la devoción por la patria.

proverbio americano	En cualquier época un patriota es un tonto.
proverbio italiano	Cualquier país es una patria para el hombre de bien.
proverbio americano	Nadie puede ser patriota con el estómago vacío.
Cicerón	La patria está en cualquier lugar que exista el bien.
proverbio americano	No ama a su país el que no quiere su casa.
Ben Jonson	El patriotismo es el último refugio de un bribón.
proverbio sueco	La patria está allí donde es útil.
proverbio latino	Premio a la vida es morir por la patria.
proverbio francés	Mal pájaro el que abandona su nido.
Evangelio	*Nemo Profeta in patria.* (Nadie es profeta en su tierra.)
proverbio alemán	Si la patria está en juego, no existen los derechos, sólo los deberes.
proverbio chino	Cuida de tu país como cuidarías de tu patrimonio si peligrara.

Paz

Marie Von Ebner-Eschenbach	Tendrás paz sólo si la das.
Remy de Gourmont	Se tiene paz cuando se puede imponer.
Talmud	La paz es para el mundo lo que la levadura para el pan.
Friedrich von Schiller	Al hombre no le queda más que una tímida elección entre la felicidad de los sentidos y la paz del alma.
George Washington	Estar preparados para la guerra es uno de los métodos más eficaces para preservar la paz.
proverbio alemán	El pobre corazón vapuleado por alguna tempestad, no encuentra paz más que allí donde ya no late.
Friedrich von Schiller	La mejor persona de este mundo no puede vivir en paz si no le gusta al mal vecino.

proverbio chino	La paz, don sublime, enriquece a los humildes y empobrece a los soberbios.
proverbio americano	La paz alimenta a los hombres de todo el mundo.
proverbio toscano	La guerra busca la paz.

Pecado

William Shakespeare	Nada alimenta tanto el pecado como la piedad.
proverbio chino	El hombre corto no teme pecar porque no sabe distinguir lo que está bien de lo que está mal.
proverbio judío	El abismo llama al abismo.
proverbio suizo	Cuando la piedad deja la mano pertenece al diablo.
proverbio francés	El caballo tiene cuatro patas y también tropieza.
proverbio chino	Abstente del pecado, practica el bien, purifica tu corazón. Éste es el precepto de los grandes sabios.
proverbio americano	Quien cae en el pecado es un hombre; quien se arrepiente un santo; quien alardea un demonio.
proverbio árabe	Mientras cae, un gran hombre descubre sus debilidades más íntimas.
proverbio coreano	Cuanto más se vive más se peca.
proverbio persa	Cuatro cosas tenemos en mayor cantidad de lo que creemos: enemigos, deudas, años y pecados.
proverbio italiano	Pecado confesado, medio perdonado.
proverbio judío	Quien tira la piedra esconde la mano.
proverbio latino de una cita de Horacio	Se peca tanto dentro de los muros de Troya como fuera de ellos.

Peligro

proverbio francés	Sin riesgo no se vence un peligro.
proverbio portugués	Desconfía de la puerta que tiene demasiadas llaves.
proverbio francés	Quien le teme a todas las aguas al final se ahoga.

proverbio americano	Es mejor afrontar el peligro que tener siempre miedo.
proverbio americano	Los peligros son vencidos por peligros.
proverbio italiano	Gran peligro, gran ganancia.
proverbio libanés	Si logras escapar del león no intentes capturarlo.
proverbio francés	No te rías de un peligro hasta que no haya pasado.

Pena

John Morley	La idea más espantosa que haya nunca corrompido a la naturaleza humana es la del castigo eterno.
Herbert Spencer	Todo delito no castigado genera una familia.
Tertuliano	Preocúpate más de hacer enrojecer al culpable que de esparcir su sangre.
proverbio americano	La horca fue el peor uso que se haya podido hacer de un hombre.
William Shakespeare	Tratando a todos según sus méritos, ¿de qué servirían los latigazos?

Pensamiento

anónimo	Proclamo en voz alta el libre pensamiento, y que muera el que no piense como yo.
Hugo Foscolo	Una parte de la humanidad obra sin pensar, la otra piensa sin obrar.
Anatole France	El pensamiento es la nobleza del hombre.
Remy de Gourmont	El pensamiento es más fuerte que cualquier cosa.
Jean-Baptiste Lacordaire	Pensar es dilatarse en el infinito.
Leonardo da Vinci	Quien poco piensa, mucho hierra.

Alain Dufresnes	Los pensamientos se encuentran en el corazón y sin embargo se buscan en la mente.
Anatole France	La independencia del pensamiento es la más noble de las aristocracias.
Wolfgang Goethe	Todo lo bueno ha sido ya pensado; sólo hay que intentar pensarlo una vez más.
proverbio francés	Por costumbre le damos la vuelta a un pensamiento, para utilizarlo varias veces.
proverbio suizo	Los pensamientos no pagan peaje.
proverbio chino	El pensamiento hace al hombre más grande que una montaña.
proverbio chino	Toda la dignidad del hombre consiste en su pensamiento exento de envidia.
proverbio francés	La contradicción es la sal del pensamiento.
Victor Hugo	Quien dice gran pensador, dice pensador benéfico.
proverbio chino	Es difícil creer que los pensamientos de los demás son tan tontos como los nuestros. Pero quizá sea así.
Luigi Pirandello	Al igual que existen hijos ilegítimos, existen también pensamientos bastardos.
Emanuel Kant	Los pensamientos sin contenido están vacíos, las intuiciones sin conceptos están ciegas.
proverbio chino	Pensar dos veces es suficiente, pero hacerlo tres veces es útil.
proverbio belga	Es propio de los pensamientos profundos el parecer simples, tanto que uno cree haberlos pensado él mismo.
proverbio chino	Estudiar sin pensar es trabajo perdido, pensar sin estudiar es dañino.
proverbio chino	Piensa mucho, pero tu pensamiento no debe salir de tu boca.
Blaise Pascal	La grandeza de un hombre es su pensamiento.
proverbio italiano	Guarda los pensamientos de la noche para la mañana.
proverbio italiano	Los pensamientos no tienen fronteras.

Perdón

Alain Dufresnes	Indulgencia: ¡conclusión de todo!
proverbio francés	La indulgencia es parte de la justicia.
proverbio búlgaro	Muchas veces perdonamos a los demás para sentirnos magnánimos.
San Lucas	Le serán perdonados muchos pecados porque ha amado mucho.
proverbio chino	Perdonar al enemigo no es cosa propia de un espíritu débil.
Nicolás Maquiavelo	El perdón surge de un alma generosa.
proverbio toscano	A lo mal hecho rezo y perdono.
proverbio toscano	La mayor satisfacción del vencedor consiste en perdonar al vencido.
Paul Borel	En general se olvidan las injurias sólo cuando no queda otro remedio.
San Francisco de Sales	Por lo general los que se perdonan demasiado a sí mismos son más rigurosos con los demás.
proverbio armenio	Perdonar no significa incitar.
proverbio toscano	El olvido es el remedio de la injuria.
proverbio turco	Hay muchas formas de perdonar, y en algunos casos es preferible el castigo.
Plauto	Errar es humano; pero también humano es perdonar.
Anne Sophie Swetchine	Nunca se perdona lo suficiente, pero se olvida demasiado.
Napoleón	El perdón nos hace superiores a los que nos injurian.
Voltaire	Quien se venga tras la victoria es indigno de ella.
Séneca	Perdona siempre a los demás, pero nunca a ti mismo.

Pereza

Francesco Petrarca	Los perezosos son gente a los que se les hace de noche antes del atardecer.
Confucio	La pereza camina tan despacio que la pobreza no tarda en alcanzarla.
Philip Chesterfield	La pereza es el único refugio de los espíritus débiles.
Biblia	El perezoso dice: «Fuera hay un león.»
proverbio latino	La incapacidad es una buena excusa para evitar el trabajo.
proverbio chino	Para el caballo perezoso el carro pesa aunque esté vacío.
Blaise Pascal	El orgullo y la pereza son la fuente de todos los vicios.
proverbio latino	Una mente perezosa es la casa del diablo.
proverbio alemán	La semana del trabajador tiene siete días, la semana del vago tiene siete mañanas.
proverbio inglés	El perezoso llama suerte al éxito del trabajador.

Perfección

proverbio italiano	La perfección existe sólo en la cabeza del hombre.
proverbio sueco	Por suerte no hay nada perfecto en este mundo.
Wolfgang Goethe	El que con perspicacia se confiesa limitado, está muy cerca de la perfección.
proverbio americano	Un hombre no puede ver en otro la idea de una perfección de la que nunca tuvo indicios en sí mismo.
proverbio francés	La perfección es un camino sin fin.
proverbio italiano	La perfección no es de este mundo.

Periódicos

Georg Hegel	El periódico es el breviario del hombre moderno.
proverbio alemán	Los periódicos son las comadronas y los sepultureros del tiempo.
proverbio austriaco	Los periódicos despiertan curiosidad, pero se abandonan siempre con desilusión.

Piedad

Erasmus Darwin	El ángel de la piedad evita los senderos de la guerra.
proverbio árabe	La piedad es la obra del corazón.
proverbio francés	La falta de piedad convierte a los culpables en mártires.
William Shakespeare	La piedad es la virtud de la ley y sólo los tiranos la usan con crueldad.
proverbio árabe	La auténtica fe reside en quien sabe matar su corazón.

Pioneros

Carlo Dossi	Los locos abren los caminos que luego recorren los sabios.

Placer

Benjamin Disraeli	La variedad es la madre de la diversión.
Quintiliano	Los placeres continuos conducen a la saciedad.
	Los placeres del amor hacen olvidar el amor al placer.
proverbio del romanticismo inglés	El placer es un pecado y algunas veces el pecado es un placer.
proverbio americano	El gran manantial del placer es la variedad.

proverbio francés	No existe la voluptuosidad alegre: el placer está más próximo al dolor que a la alegría.
Séneca	El verdadero placer no nace más que de la consciencia de las virtudes.
Nicolás Tomaseo	La espera del placer es a veces más tormentosa que el miedo.
proverbio chino	Los placeres fuera de lugar generan en quien los persigue disgusto y muerte.
proverbio alemán	Todo placer lleva una pena a sus espaldas.
proverbio checoslovaco	Placer y pena duermen en la misma cama.
proverbio chino	Entre todas las cosas agradables encontrarás mayor deleite que entre las más extrañas.

Pobreza

proverbio italiano	Los pobres no tienen parientes.
anónimo	El aliento venenoso de la miseria destruye mucha felicidad, especialmente la de la vida familiar.
Pedro Arentino	Quien es pobre es bueno.
Beaumont and Fletcher	El hambre es más aguda que la espada.
proverbio francés	No hay virtud que la pobreza no eche a perder.
proverbio árabe	El pobre es un extranjero en su país.
proverbio danés	El pobre intenta alimentarse; el rico que se le abra el apetito.
proverbio chino	Es mejor morir diez años antes que vivir en la miseria.
proverbio finlandés	El pobre no caerá nunca de arriba; como mucho de la escoba al suelo.
proverbio francés	Nada cuesta tanto como ser pobre.
proverbio indio	El pan del pobre está duro y sus jornadas son largas.
proverbio africano	No basta con estar vestidos para no ser pobres.
proverbio africano	La miseria no mata, pero sus marcas no desaparecen.

proverbio americano	Ser pobre e independiente es casi imposible.
proverbio de los judíos alemanes	Si un pobre se come una gallina, o está enfermo él o lo está la gallina.
Séneca	El que es pobre y está bien, es rico.
proverbio danés	La pobreza nos hace perder la vergüenza.
Alexandre Dumas, padre	Si vuestra actitud indica que necesitáis algo, no os darán nada; para hacer fortuna hay que parecer rico.
proverbio toscano	Los pobres no tienen parientes.
proverbio italiano	Quien no tiene nada que perder pierde siempre.
Hugo Foscolo	El dolor es acogido con resignación por los que no tienen pan.
proverbio francés	Un pariente pobre es siempre un pariente lejano.
proverbio iraní	La pobreza crea ladrones igual que el amor crea poetas.
proverbio italiano	El pobre nunca tiene razón.
proverbio inglés	Un mendigo no tiene elección.
Virgilio	El hambre es mala consejera.
proverbio chino	La pobreza es la que doma a los hombres.
proverbio milanés	Los harapos son siempre los que acaban en el molino [es decir, son siempre los pobres los que deben soportar las penurias más grandes].
proverbio alemán	Cuando la vajilla está vacía a la hora de comer, los esposos se la tiran a la cabeza.
Sydney Smith	La pobreza no deshonra a nadie, pero resulta francamente incómoda.
proverbio italiano	Hasta la hierba corta el paso de los miserables [es decir, parece que todo se ponga en contra de los pobres].
proverbio napolitano	El perro muerde al harapiento.
proverbio italiano	Las moscas acuden al perro esquelético.
proverbio americano	Sólo los mendigos viven a su aire.
dicho árabe	Es pobre como un piojo en la cabeza de un calvo.
dicho francés	Es tan pobre que Dios lo busca para matarlo.

proverbio chino	Cuando un país es ordenado es una vergüenza ser pobre y mediocre.
Evangelio	Pedid que os será concedido, buscad y encontraréis, llamad que se os abrirá.
proverbio chino	El pobre que no sabe hacer fortuna es una carga hasta para su familia.

Poder

William Burke	Cuanto mayor es el poder, tanto más peligroso es el abuso.
proverbio francés	El todopoderoso debe tener miedo de todo.
Benjamin Disraeli	El que tiene el poder es siempre impopular.
proverbio francés	Que nadie se ocupe de la bolsa de los demás: basta con que el rey saque de todas.
Francis Bacon	Extraño deseo el de buscar el poder y perder la libertad.
proverbio francés	Que el poderoso sea tu dueño pero no tu deudor.
Victor Hugo	El poder es deber.
proverbio alemán	Tiene el poder aquel que es creído por las masas.
proverbio alemán	El que no puede mandar es siervo.
Tácito	No hay que confiar nunca en un poder excesivo.
proverbio africano	Es mejor provocar la cólera del rey que despertar la del pueblo.
proverbio noruego	Mejor gobierno de hierro que anarquía de oro.
proverbio ruso	Hay mucho camino entre el hombre y el zar, y hay mucho camino entre el hombre y Dios.
Talmud	El mundo desafortunadamente está en manos de los incompetentes.
Séneca	Todo poder excesivo dura poco.
proverbio danés	Si acepto el poder rechazo el respeto.
proverbio inglés	El rey que gobierna mediante el miedo rechaza el amor.
proverbio indio	Ten confianza en los poderosos, pero de lejos.

Tácito	El poder no está nunca seguro cuando es excesivo.
proverbio chino	Incluso las débiles fuerzas de una hormiga pueden mover una poderosa montaña.
proverbio africano	El poderoso es como el fuego: si nos alejamos de él tenemos frío, si nos aproximamos nos quemamos.
proverbio chino	No confíes a un niño objetos cortantes y a un adulto más poder del que sabe usar.

Poesía

proverbio americano	Existe cierta voluptuosidad en el esfuerzo poético que sólo los poetas conocen.
Juvenal	La ira hace versos.
proverbio italiano	Poeta se nace, orador se hace.
proverbio latino	La poesía no da pan.
proverbio danés	El poeta es el historiador más fidedigno.
dicho alemán	Una poesía o es excelente o no debe existir.
proverbio francés	La poesía es la menos peligrosa de las locuras.
proverbio chino	El vino y la poesía proporcionan ocasiones de deleite, pero a la mínima pérdida de libertad se convierten en un infierno.
proverbio chino	En un vaso de vino hay un bagaje de poesía.

Polémica

Jean-Jaques Rousseau	Las injurias son los argumentos de aquellos que no tienen razón.

Política

Francis Bacon	Resulta difícil y arduo ser un hombre político, así como ser un hombre moral.

Francis Bacon	Ningún pueblo sobrecargado de tributos está en condiciones de dominar.
Renato Boghi	Un hombre de estado valiente debe tener dos cualidades: prudencia e imprudencia.
William Burke	Innovar no es reformar.
proverbio americano	No hay cambios sin inconvenientes, aun de peor a mejor.
John Macaulay	En un siglo de reformas abundan siempre los impostores.
Benjamin Disraeli	Los experimentos en política se llaman revoluciones.
Giuseppe Mazzini	Los príncipes, no los pueblos, olvidan las promesas.
proverbio americano	En las decisiones políticas el calor es inversamente proporcional a la doctrina.
William Shakespeare	La política está por encima de la consciencia.
proverbio francés	Así son los electores, así son los elegidos. Si éstos son malos es porque los primeros son peores.
Alain Tournier	Los hombres políticos hacen política igual que las cortesanas hacen el amor, como profesión.
Voltaire	¿Qué es la política sino el arte de mentir a propósito?
Remy de Gourmont	La política depende tanto de los hombres de estado como el tiempo de los meteorólogos.
proverbio inglés	Aquellos que tratan por separado la política de la moral, no entenderán nunca ninguna de las dos.
Robert Louis Stevenson	La política es quizá la única profesión para la cual no se considera necesaria una preparación.
Voltaire	La mejor política es la honestidad.

Porvenir

Joseph Joubert	Cada uno es la Parca de sí mismo y marca su destino.

Mendoza Marín	El porvenir es la mejor renta de la fantasía.
Jean Racine	¡Estúpido aquel que confía en el porvenir!
Jean de Rotrou	Podemos leer el porvenir en el pasado.
Séneca	Desgraciado el que se preocupa siempre por el porvenir.
William Shakespeare	No sabemos lo que somos, pero desconocemos lo que podemos ser.

Precariedad

proverbio chino	Quien se sostiene sobre la punta de los pies no está estable.

Presente

proverbio árabe	El pasado ha huido, lo que esperas está ausente, pero el presente es tuyo.
proverbio africano	Hoy es el mundo; mañana es otro mundo.
proverbio español	El mejor sol es el que me calienta hoy.

Presunción

proverbio chino	La presunción es un regalo de los dioses a los hombres insignificantes.
proverbio italiano	Nos creemos sin vicios porque no tenemos los de los demás.
proverbio italiano	Las chimeneas más bajas son las que hacen más humo.
proverbio italiano	No existe persona jactanciosa que no hable sin error.
proverbio italiano	Rebuzno de asno no llega al cielo.
proverbio toscano	Muchos lo saben todo, y nada de sí mismos.
proverbio toscano	Juicio todos venden pero pocos tienen.
proverbio árabe	El perro ladra, pero no molesta a las nubes.

proverbio árabe	Aunque le pongas una silla de oro al burro seguirá siendo burro.

Prever

Jean Jacques Rousseau	Es necesario prever que no se puede prever todo.
Mme. Swetchine	Nos lo esperamos todo, pero nunca estamos preparados para nada.
proverbio chino	Habla siempre del año que viene aunque el diablo se ría. (Sé previsor.)
proverbio español	Mujer precavida vale por dos.

Primavera

proverbio chino	Cuando el sauce se muere la primavera está a punto de llegar.
proverbio español	La primavera la sangre altera.

Prisa

proverbio chino	Quien contesta antes de haber escuchado demuestra ser estúpido y digno de desprecio.
proverbio chino	Un hombre precavido puede tener prisa, pero no debe nunca precipitarse.
proverbio español	No por mucho madrugar amanece más temprano.
proverbio italiano	Rápido y bien, unión imposible.
proverbio latino	La prisa es ciega y torpe.

Profesiones

proverbio toscano	Al sastre pobre se le tuerce la aguja.
proverbio toscano	Al agricultor, la azada en la mano.
proverbio toscano	Invitación de tabernero tiene su precio.
proverbio toscano	Todas las profesiones dan pan.

Progreso

William Burke	El camino del espíritu humano es lento.
Confucio	Sólo los grandes sabios y los grandes ignorantes son inmutables.
proverbio inglés	Cada uno de nosotros guarda dentro de sí todos los siglos.
proverbio americano	El deseo de progresar es en sí un progreso.
Oscar Wilde	El progreso es la realización de la utopía.
James Antony Froude	Los reformadores tímidos odian a los que les superan.
proverbio inglés	Todo lo humano debe retroceder si no progresa. Osar: es la única forma de progresar.

Prójimo

proverbio español	Quien quiere limpiar a los demás debe tener las manos limpias.
proverbio francés	¿Cómo puede pensar en los demás quien no puede pensar en sí mismo?
proverbio español	Los fardos de los demás son los que matan al asno.
proverbio turco	El pan de los demás tiene siete cortezas. Quien está en el pantano quiere arrastrar también al prójimo.

Promesa

proverbio inglés	Los juramentos son sólo palabras, y las palabras se las lleva el viento.
proverbio americano	Un hecho vale más que mil promesas.
Jean-Jacques Rousseau	Quien es lento en prometer es más rápido en mantener.
proverbio italiano	Cada promesa es una deuda.
proverbio inglés	El hombre que tiende a prometer tiende a olvidar.

proverbio francés	Se promete lo que se quiere y se mantiene lo que se puede.
proverbio chino	Las promesas de ayer del nuevo mandarín son los impuestos de hoy.
proverbio chino	Las promesas del hombre en peligro se convertirán en realidad cuando las encinas den limones y las plantas flores de hierro.
proverbio húngaro	Prometer es fácil; lo difícil es mantener la promesa.

Propiedad

Adalbert von Chamisso	En este mundo el ansia de poseer lo decide todo.
proverbio chino	Quien tiene bien sujeta una presa no la abandona fácilmente.
Pierre Joseph Proudhon	La propiedad es un robo.

Proverbios

Thomas Fuller	Un proverbio son muchas cosas concentradas en pocas palabras.
Lord John Russell	El proverbio es el espíritu de un hombre y la sabiduría de muchos.
proverbio judío	Cada uno interpreta los proverbios a su manera.
proverbio universal	Los proverbios nunca se equivocan.
proverbio ruso	Los proverbios son los relámpagos de las palabras.
proverbio ruso	Los proverbios nunca cansan.

Providencia

Rudyard Kipling	La providencia ayuda a los que ayudan a los demás.
proverbio francés	Todos podemos ayudar al buen Dios a hacer buen trigo.
proverbio africano	Si vas a un baile de pájaros lleva algo de mijo.

proverbio chino	Hay un momento para ir a pescar y otro para confiar en los milagros. [Naturalmente no se refiere a la parábola del pan y de los peces sino a las costumbres de las gentes de China.]
Laurence Sterne	Dios calma el viento para el cordero esquilado.
proverbio italiano	La providencia da lo que quita.

Prudencia

proverbio inglés	Sed más listos que los demás si podéis, pero no lo digáis.
Théopile Gautier	Los prudentes sobreviven a los audaces.
proverbio griego	La prudencia es el miedo que camina sobre las puntas de los dedos.
Pitágoras	Reflexiona antes de emprender una acción.
proverbio africano	Quien conoce su corazón desconfía hasta de sus ojos.
proverbio chino	Para quien hace las cosas en su momento, cada día vale por tres.
proverbio africano	Cuando comas pon algo en el viejo saco.
proverbio árabe	Con el ciego hazte el ciego.
proverbio italiano	No remuevas agua pasada.
proverbio americano	A veces hay que cerrar un ojo, pero nunca los dos.
proverbio italiano	No despiertes al perro que duerme.
proverbio español	No te endeudes con los ricos y no prestes a los pobres.
proverbio latino	Más vale tarde que nunca.
proverbio turco	El barco que se fía sólo de un ancla acaba encallado.
proverbio medieval	Escucha, ve y calla el que quiere vivir en paz.
proverbio chino	Quien abre la puerta mirando hacia arriba saluda al ladrón que entra por debajo. [Quien abre la puerta sin prudencia encuentra al ladrón en la despensa.]

proverbio chino	El caracol, camina despacio y escala la montaña. [Quien va despacio llega sano y lejos.]
proverbio turco	Sé siempre sordo de un oído.

Pudor

Jean Dolent	El pudor es una virtud estética.
proverbio español	El pudor tiene dos enemigos: el amor y la enfermedad.
Anatole France	El pudor confiere a las mujeres una fascinación irresistible.
proverbio americano	Enrojecer es indicio de virtud.
proverbio inglés	El pudor limitado a las palabras es sólo hipocresía.
Victor Hugo	El pudor es la epidermis del alma.
proverbio francés	El pudor es una cuestión de iluminación.
proverbio árabe	Una mujer sin pudor es como una comidasin sal.
proverbio turco	El pudor es el mejor vestido de una mujer.

Pueblo

proverbio italiano	Los pueblos se matan y los reyes se abrazan.
William Burke	Los trabajadores son pobres porque son numerosos.
Jean-Baptiste Lacordaire	El centro del mundo, el corazón del género humano, es el pueblo.
proverbio italiano	Los pueblos pierden las virtudes de sus antepasados y conservan sus vicios.
Remy de Gourmont	Hombres y carneros van donde tienen que ir, es decir a donde hay hierba.
Heinrich Heine	Los pueblos saben por instinto a quién necesitan para cumplir su misión.
Montesquieu	Afortunados los pueblos cuya historia es aburrida.

Giuseppe Mazzini	Los pueblos aprenden más de una derrota que los reyes de una victoria.
proverbio italiano	El pueblo llora cuando el tirano ríe.

Pureza

Evangelio	*Omnia munda mundis.* (Para los puros todas las cosas son puras.)
proverbio japonés	La pureza es una flor de loto en medio del fango.
proverbio manchú	Quien no esconde nada en su corazón considera que todas las cosas son puras.
proverbio indio	El límite entre la pureza y la impureza es difuso.

Razón

Voltaire	La razón nos engaña más a menudo que la naturaleza.
Cicerón	La razón lo domina y lo dirige todo.
proverbio griego	La razón es la defensa del hombre.
proverbio americano	No basta con tener razón; hay que demostrar que los demás están equivocados.
dicho alemán	Todos tienen razón y qué pocos son los razonables.
Arturo Graf	El saber y la razón hablan; la ignorancia y los agravios gritan.
Victor Bachelet	Ser muchos, y ser jóvenes y decir todos lo mismo no equivale a tener razón.
proverbio judío	Cuando el judío tiene razón las culpas recaen sobre él.
proverbio finlandés	La alianza perfecta es la del corazón con la razón.
proverbio latino	En el fondo de la razón hay siempre una parte de injusticia.
proverbio árabe	La razón es el centro de la felicidad.
Blaise Pascal	El último paso de la razón consiste en reconocer que existe una infinidad de cosas que la superan.

Realidad

Marcel Proust	La realidad no se forma más que en la memoria.
proverbio francés	Cree en lo que ven tus ojos.
proverbio español	El sueño te acuna, la realidad te despierta.
Daniel Webster	Nada es más fuerte que la realidad, y a menudo nada es más extraño.

Rebelión

proverbio americano	Rebelarse a los tiranos es obedecer a Dios.

Recuerdo

proverbio francés	Vivir es acordarse.
proverbio francés	El corazón humano es una gran necrópolis.
Alfredo Panzini	No hay mayor peso que el de los recuerdos, y quizá por ello los viejos, al igual que los que tienen muchos, caminan muy despacio y con la espalda curvada.
proverbio italiano	Acordarse del mal refuerza el bien.

Religión

proverbio bizantino	Para la iglesia nada es secular, menos aquello que es pecaminoso.
proverbio chino	Cada uno interpreta a su manera la música del cielo.
proverbio americano	La adoración es una admiración transcendental.
proverbio inglés	Los hombres son mejores que su teología.
proverbio francés	La religión está en el corazón. La religión es la poesía del corazón.
Ludwig Andreas Feuerbach	El sentimiento de dependencia es el fundamento de la religión.

proverbio inglés	La religión presenta pocas dificultades a los humildes, muchas a los orgullosos, insuperables a los vanidosos.
proverbio austriaco	La religión cala siempre en los estratos pobres.
dicho inglés	Las mujeres son el doble de religiosas que los hombres; todos lo saben.
Ben Jonson	¡Qué magníficos tontos hace de los hombres la religión!
William Savage Landon	La religión es la hermana mayor de la poesía.
Giacomo Leopardi	El hombre no vive más que de religión o de ilusiones.
Adolf Pichler	La religiosidad sin dogma, pero no la religión.
Remy de Gourmont	No se puede adorar más que lo desconocido, y no hay religión allí donde no hay misterio.
Jean-Jacques Rousseau	El olvido de la religión conduce al olvido de los deberes del hombre.
George Bernard Shaw	La religión es una, aunque sus versiones sean cien.
proverbio francés	Quiero demasiado a Dios para tener miedo al diablo.
proverbio prusiano	Toda religión debe ser tolerada porque todo hombre debe llegar al cielo por su propio camino.
Karl Marx	La religión es el opio de los pueblos.

Remedio

proverbio irlandés	La hierba que no se utiliza en el momento apropiado no es un remedio.
proverbio latino	Un mal remedio es un remedio inútil.

Reposo

proverbio americano	El domingo lima el óxido de toda la semana.
proverbio inglés	Los mejores hombres han disfrutado siempre del descanso.

proverbio italiano	El reposo da fuerzas.
proverbio latino	Cambiar de trabajo es medio descansar.

Reputación

Richard Bentley	Nadie pierde su reputación más que por obra suya.
Francesco Guicciardini	Vale más el buen nombre que muchas riquezas.
L. A. Petiet	La popularidad es como la juventud: una vez ha pasado ya no vuelve.
proverbio chino	¿Queréis que se hable bien de vosotros? No habléis de ello.
proverbio español	La mala herida sana, la mala reputación mata.
proverbio indio	Si tratas a una persona como a un zorro, te robará las gallinas.
Galileo Galilei	Es cierto que la reputación comienza en nosotros mismos, y que el que quiere ser apreciado debe en primer lugar apreciarse a sí mismo.
proverbio alemán	La buena reputación cubre todas las carencias.
proverbio francés	Nadie beberá nunca más agua de un pozo infecto.
proverbio chino	Quien se justifica no goza de una buena reputación.

Resignación

Honoré de Balzac	La resignación es el suicidio cotidiano.
Ovidio	Si no tienes carruaje ve a pie.
proverbio francés	Una vez capturado, el halcón deja de luchar.
proverbio japonés	La resignación se parece al coraje como el fuego al acero.
proverbio latino	¡No te resignes! Lucha.
proverbio francés	No sigas al viento que se te lleva el sombrero.
dicho griego	Es inútil luchar contra el destino.

Revolución

Gana una revolución quien menos la teme.
Alexandre Dumas, padre Locura es todo intento de conspiración fallido.
Si prospera, se llamará sabiduría a lo que se
llamaba locura.

Rey

Friedrich von Schiller El mejor escudo es el corazón de tu pueblo.
proverbio africano El árbol de la realeza no crece solo.
dicho francés Si el rey lo quiere, la ley lo quiere.
Alfred Tenysson Un trono dudoso es hielo en el océano en verano.
Nicolás Maquiavelo Los príncipes deben huir de los aduladores
como de la peste.
proverbio danés Un rey es una cosa que los hombres han creado
por afán de tranquilidad.
proverbio chino Es difícil ser un rey, pero aún más difícil es ser
ministro de ese rey.
proverbio persa Si a mediodía el rey te dice que es de noche, tú
contempla las estrellas.
proverbio chino El soberano que gobierna un estado con virtud
es como la estrella polar que permanece fija
mientras las demás giran a su alrededor.

Ridículo

Nicolás de Chamfort Se requiere un gran espíritu para no ser
nunca ridículo.
La Rochefoucauld El ridículo deshonra más que el deshonor.

Riqueza

Séneca Los verdaderos bienes, sólidos y eternos, son los
que nos proporcionan la razón.

Francis Bacon	El dinero es como el estiércol, no es útil si no se esparce.
Francis Bacon	Las manos de algunos no se sabe bien cómo se ven colmadas por la suerte.
Francis Bacon	La riqueza está hecha para ser usada.
proverbio inglés	La riqueza genera continuas ansias.
George Colman	Las bagatelas de un rico son a menudo la salvación de un pobre.
proverbio francés	Las grandes riquezas están hechas de infamias; las pequeñas de pequeñas porquerías.
proverbio judío	El rico siempre tiene sed.
proverbio austriaco	Quien no tiene más que dinero es un pobre diablo.
Michel de Montaigne	Nada es más asqueroso y nauseabundo que la abundancia.
Johan Gabriel Oxenstierna	Pasar de la pobreza a la opulencia es sólo un cambio de miseria.
proverbio árabe	Al perro que tiene dinero se le llama «señor perro».
proverbio ruso	El hombre que hace fortuna en un año debería ser colgado doce meses antes.
Lucien Descaves	El miedo que tienen los pobres es para la mayor parte de los ricos el principio de la filantropía.
Séneca	Una gran riqueza es una gran servidumbre.
Biblia	La riqueza tiene alas, e igual que el águila, vuela hacia el cielo [es decir, se desvanece rápidamente].
proverbio judío	El hombre rico se cree sabio, pero el pobre inteligente le hará el examen.
Horacio	El acumular riquezas conlleva una gran angustia.
Abad Galiani	Las riquezas empobrecen el ánimo de quien las posee.
Publilio Siro	El que se ha hecho rico rápidamente, por lo general no es bueno.
proverbio latino	Dios mira las manos puras, no las manos llenas.
proverbio chino	El que no conoce la suficiencia es rico.

proverbio polaco	El rico está vivo gracias al doctor, el pobre lo está gracias al trabajo.
proverbio chino	Si eres rico desayunas cuando quieres, si eres pobre cuando puedes.
proverbio chino	La riqueza sin la cortesía no vale nada. En los orígenes de todas las grandes fortunas hay cosas que hacen temblar.
Fedro	El hombre docto lleva siempre consigo sus riquezas.
proverbio francés	Un cretino pobre es un cretino; un cretino rico es un rico.
proverbio italiano	Llueve siempre sobre mojado.
proverbio italiano	Gran fortuna, mil desvelos.
proverbio italiano	Dinero llama dinero.
proverbio chino	Es fácil ser ricos y evitar mostrarse orgullosos; es difícil ser pobres y evitar ser gruñones.
proverbio chino	Cuando un país es presa del caos, es una vergüenza ser ricos y cubrir otros cargos.
proverbio estonio	Ropa de seda no tiene pulgas.
Antoine Rivarol	Hay gente que de la riqueza no tiene más que el miedo a perderla.
proverbio chino	Muchos se preocupan de la fama, de la riqueza, y de los honores. Pocos de ser sabios y generosos.

Risa

proverbio italiano	La risa hace buena sangre.
proverbio francés	El día más perdido de todos, es aquel en que no hemos reído.
proverbio austriaco	No riáis demasiado: el hombre agudo ríe menos.
proverbio italiano	Quien ríe el viernes, llora el domingo.
proverbio latino	La risa abunda en la boca de los tontos.
proverbio italiano	Quien ríe el último ríe mejor.
dicho lombardo	Sería para reír, si no fuese para echarse a llorar.

Marcial	Si eres sabio, ríe.
John Taylor	Ríe y engorda.
Catulo	No hay cosa más tonta que la risa de un tonto.
proverbio alemán	¿No es posible ser muy serios aunque se ría?

Robo

proverbio milanés	El cajón es de nogal pero no habla [se refiere a la costumbre de guardar el dinero en casa; por muy robusto que sea el cajón, no puede ofrecer resistencia al ladrón ni revelar su identidad].
proverbio véneto	El que roba se hace rico.
proverbio finlandés	Los comerciantes importantes y deshonestos van en carroza, los modestos van a la cárcel.
proverbio armenio	El hombre de negocios deshonesto se ríe del colega al que ha engañado: Dios se ríe de los dos.
proverbio alemán	El que le compra a un ladrón es a su vez ladrón.
proverbio toscano	El que se enriquece en un año acaba ahorcado en un mes.
proverbio toscano	Tres cosas enriquecen a un hombre: ganar y no gastar, prometer y no mantener, tomar prestado y no devolver.
proverbio armenio	Si los mercaderes dejasen de robar los perros dejarían de ladrar.
proverbio francés	O se es comerciante o se es ladrón [es decir, el auténtico comerciante no tiene necesidad de robar].
Carlo Dossi	El error de muchos ladrones frente al público y la justicia consiste en no haber robado lo suficiente como para ocultarlo.
William Shakespeare	Si se roba algo a alguien que no lo necesita, a menos que se dé cuenta, es como si no se hubiese robado.

proverbio italiano	El dinero del sacristán, cantando viene y cantando se va.
proverbio francés	Los pequeños negocios deshonestos nos hacen perder los grandes.
proverbio español	Ladrón que roba a un ladrón tiene cien años de perdón.

Saber

proverbio inglés	Los hombres más doctos son siempre los más sabios.
Cicerón	Vana es la sabiduría si no le sirve al sabio.
Galileo Galilei	La mejor salvación consiste en conocerse a sí mismo.
Victor Hugo	Aprender es el primer paso; vivir es sólo el segundo.
William Montagu	Las nociones generales son por lo general incorrectas.
Michel de Montaigne	La curiosidad por aprender es un castigo que le ha sido impuesto al hombre.
Alfredo Panzini	El verdadero placer es esencialmente armonía.
Papa Pío II	Quien más sabe, más duda.
proverbio italiano	El que no sabe nada, de nada duda.
proverbio árabe	Te ha dado la vida el que te ha instruido.
Séneca	Sé siervo del saber si quieres ser verdaderamente libre.
Cicerón	No basta con adquirir saber; hay que usarlo.
Séneca	El sabio no necesita nada.
proverbio de la antigua Rusia	Saber demasiado es envejecer antes de tiempo.
proverbio ruso	La sabiduría de la vida es siempre más vasta y profunda que la sabiduría de los hombres.
proverbio chino	El hombre que lee sabe mucho pero no ve nada, el hombre que observa sabe mucho más porque puede ver mucho más lejos.

proverbio libanés	La ignorancia es una enfermedad: saber que se padece significa empezar a curarse.
Sófocles	Para el hombre no hay tesoro mayor que una mente que sabe.
proverbio chino	El que sabe no habla, el que habla no sabe.
proverbio chino	El hombre aprende sólo de los libros, mientras que las mujeres están dotadas de intuición.
proverbio chino	Se necesita toda una vida para entender que no se puede entender todo.
proverbio español	A pesar de haberse casado con la ciencia, el hombre no sabe nada.
proverbio toscano	Mejor ser docto que doctor.
proverbio toscano	Vale más un golpe del maestro que cien del peón.
proverbio francés	Se aprende sólo a fuerza de engañarse.
proverbio noruego	Cuanto menos se sabe menos se olvida.
proverbio mongol	Para verse hace falta un espejo.
proverbio italiano	Entender es poder.
proverbio chino	Acumula saber igual que acumularías riquezas. La ciencia sale de los libros y se acumula en el corazón.
proverbio francés	Hay que haber estudiado mucho para saber poco.
proverbio griego	El saber es algo que no nace con nosotros.
proverbio escocés	La sabiduría es un don, y puede ser una inversión.
proverbio chino	Una muchacha que flirtea con la mirada no es casta, un estudioso que atrae con el saber no es honesto.
proverbio serbio	La instrucción es pan para cualquier boca.
proverbio africano	La ciencia es el tronco de baobab que una sola persona no puede abarcar.
proverbio africano	La estupidez de la ciencia es más grande que una montaña.
Séneca	Sólo sé que no sé nada.
proverbio holandés	Un año no le enseña nada al siguiente.

proverbio chino	En realidad no sabemos nada, a pesar de nuestros conocimientos, la verdad es demasiado profunda.
proverbio alemán	Demasiada ciencia ataca la cabeza.
proverbio indio	En el día del juicio, la pluma del sabio pesará más que la espada del guerrero.
Biblia	El saber es parco en palabras.
proverbio indochino	Si quieres adquirir saber, hazte el ignorante.
proverbio toscano	Quien añade saber añade dolor.
proverbio chino	Una gran sabiduría no implica un gran intelecto.
proverbio alemán	Es preferible ser hombre de un solo maestro que hombre de diez libros.
proverbio indio	Las plantas de la sabiduría deben regarse con lágrimas.
Biblia	La ciencia vale más que el oro.
proverbio japonés	Una varilla de incienso puede ser tan grande como un puño, pero no esparcirá perfume alguno a menos que se encienda.

Sabiduría

proverbio francés	El más sabio es aquel que no sabe que lo es.
Wilhelm Busch	Todos tenemos pensamientos estúpidos: sólo el hombre sabio se los calla.
Denis Diderot	La sabiduría no es más que la ciencia de la felicidad.
George Eliot	Nadie puede ser sabio con el estómago vacío.
Peter Rosseger	La sabiduría no viene tanto de la inteligencia como del corazón.
Bhagavad Gita	Los sabios no lloran ni vivos ni muertos.
proverbio chino	Un error de un pelo en el arco es una milla más allá de la diana.
proverbio alemán	Sé sabio: es de locos dejar para mañana.
proverbio chino	El sabio duda de todo, hasta de su sabiduría.
proverbio judío	La sabiduría es el árbol de la vida.

proverbio árabe	Toma la sabiduría sin preocuparte del recipiente que la contiene.
Biblia	El que tiene pocos negocios será un sabio.
Mme. de Arconville	Somos verdaderamente sabios sólo para aquellas cosas que nos interesan poco.
proverbio chino	Dondequiera que el sabio vaya, con paso rápido o lento, su pensamiento será más rápido que el viento.
proverbio árabe	Todo un mundo de sabios está formado por los que se conforman con poco.
proverbio árabe	Por cada loco se encuentra un sabio.
proverbio chino	Los únicos que no quieren cambiar son los grandes sabios y los grandes idiotas.
proverbio latino	Sabio es aquel que aprende a costa de los demás.
Confucio	El sabio busca lo que quiere en sí mismo, lo vulgar lo busca en los demás.
proverbio chino	El sabio no conoce la perplejidad.
Denis Diderot	El hombre se cree sabio cuando su locura se adormece.
Heinrich Heine	Quien en la vida no estuvo nunca un poco loco, no fue nunca sabio.
proverbio mongol	Si el loco lograse permanecer callado, se le consideraría sabio.
proverbio mongol	Si la esposa es sabia, el marido tiene pocos enemigos.
proverbio chino	Los que nacen sabios se parecen a los dioses, pero nadie nace sabiendo y por lo tanto nadie se parece a los dioses. La sabiduría se adquiere.
proverbio chino	Si un hombre corriente insulta a uno sabio, éste se encierra en el refugio inquebrantable de la paciencia.
proverbio africano	La sabiduría no está lejos del hombre.
proverbio chino	El hombre vive su vida sólo una vez, pero la fama del hombre sabio dura hasta la eternidad.

proverbio chino	Para el hombre sabio es preferible tener mucho ingenio y pocos honores.
proverbio chino	Incluso el tonto que sabe callar será considerado un hombre sabio por los sabios.
proverbio chino	La medicina sana las enfermedades del cuerpo, la sabiduría libera el alma de las pasiones.
proverbio chino	A los estúpidos les falta la alegría de las pequeñas cosas de la vida. No las entienden.
proverbio chino	Los sufrimientos de la enfermedad golpearon a un sabio por una cosa que hizo; se alejaron de él por otra que no hizo.
proverbio chino	Para la piedra que ha sido lanzada hacia arriba no está mal caer en la cabeza del que la ha lanzado.

Sacrificio

Alfred de Vigny	El sacrificio es lo más hermoso de este mundo.

Salud

escuela salernitana	Para pasar una noche tranquila, cena parcamente.
proverbio kurdo	El pulgar no puede alegrarse cuando el índice sufre.
proverbio italiano	Frío y hambre hacen un feo pelaje.
dicho alemán	Pies secos y cabeza caliente.
proverbio japonés	Es más fácil dar a luz que preocuparse por dar a luz.
proverbio toscano	Quien se va a dormir sin cena toda la noche se menea.
proverbio napolitano	Mientras comes, bebe poco y a menudo.
dicho italiano	¡Con la salud basta!
proverbio italiano	En la mesa no se envejece.
proverbio veneciano	La manzana roja siempre tiene algún defecto.

proverbio italiano	Una manzana al día aleja al médico.
proverbio milanés	Más vale prevenir que curar.
Joseph Leonard	El hombre pasa la primera mitad de su vida estropeándose la salud, y la segunda mitad curándose.
proverbio italiano	Baco, tabaco y Venus reducen al hombre a cenizas.
proverbio italiano	Corriente de aire, corriente de sepulcro [es decir, a veces las corrientes pueden ser letales].
proverbio toscano	No comas crudo, no andes con el pie desnudo.
proverbio lombardo	Médico viejo y cirujano joven.
proverbio véneto	Error del médico, voluntad de Dios.
proverbio latino	La salud antes que nada.
proverbio finlandés	La enfermedad del rico es famosa, la del pobre no.
proverbio bohemio	El amor es una enfermedad que se desea.
proverbio milanés	Quien se preocupa de su piel se preocupa de un hermoso castillo.
proverbio coreano	El enfermo tiene enferma hasta el alma.
proverbio véneto	Es mejor gastar los zapatos que las sábanas.
proverbio latino	El dolor es una triste compañía.

Santidad

proverbio chino	Los santos pertenecen a una especie particular, pero salen a gusto.
proverbio francés	Santo de joven, demonio de viejo.
proverbio francés	No todos los que montan a caballo son caballeros.

Secreto

Calderón de la Barca	Los secretos los guarda bien un muerto.
proverbio americano	No hay mayores aficionados a los secretos que aquellos que no pretenden guardarlos.
proverbio francés	Cualquier revelación de un secreto es culpa de quien lo ha confiado.

dicho italiano	Se dice el pecado, no el pecador.
proverbio berebere	Tu secreto es tu sangre: si se te escapa morirás desangrado.

Sencillez

proverbio francés	La sencillez es el sello de la verdad.
Arturo Graf	Para complacerse del simple se requiere un alma grande.
proverbio americano	Si no se es un genio hay que procurar ser claro.

Sentimiento

anónimo	La insensibilidad no es más que la estupidez del alma.
proverbio español	Quien nada tiene nada anhela.
proverbio español	Gran estatura no implica gran alma.
proverbio español	Bienes pequeños, pequeños desvelos.
Franz Grillparzer	Sentir y pensar son el ciego que guía al cojo.
Leonardo da Vinci	Todos nuestros conocimientos se generan en los sentimientos.
Luc de Vauvenargues	Los grandes pensamientos vienen del corazón.

Seriedad

Nicolás de Chamfort	La importancia sin mérito obtiene respeto sin estima.
proverbio alemán	La franqueza no es nunca ridícula, la ostentación siempre.
Voltaire	Una gravedad continua es la máscara de la mediocridad.

Servidumbre

Petronio	Tal es el siervo tal es el amo.
proverbio ruso	Quien compra los brazos de su siervo compra también sus piernas.
proverbio ruso	El que ofrece su espalda no debe quejarse de los golpes que recibe.
proverbio español	Servir al hombre no significa pertenecer al amo.
Cicerón	Las siervas son como el ama.
proverbio italiano	Tantos sirvientes, tantos enemigos.
proverbio inglés	Nadie ama sus cadenas, aunque sean de oro.

Severidad

Tácito	Demasiada bondad merma la autoridad; la severidad merma el amor.
proverbio chino	El hombre, al igual que una madre cariñosa, hace grande la severidad, pero la severidad no hará nunca grande al hombre.
proverbio latino	Sé severo, pero con moderación.
proverbio latino	La severidad pesa por igual al alumno como al maestro.

Silencio

proverbio chino	En un estanque silencioso se oye hasta el chapoteo de una rana.
Biblia	Si el estúpido calla, se le considera un sabio; si cierra la boca, se le considera inteligente.
Santa Catalina de Siena	Haz que el silencio esté en tu boca.
Arturo Graf	Rodéate de silencio si quieres oír cantar a tu alma.
Heinrich Heine	El silencio es el casto florecer del amor.
Jean Baptiste Lacordaire	El silencio es, tras la palabra, el segundo poder del mundo.
proverbio japonés	El insecto silencioso atraviesa las murallas.

universal	El silencio es oro.
proverbio italiano	El silencio es respuesta suficiente.
proverbio chino	Quien habla demasiado se ve a menudo reducido al silencio.
proverbio español	Quien calla, otorga.
proverbio italiano	Quien no sabe callar no sabe hablar.
proverbio alemán	Quien calla es tonto, por eso los animales más estúpidos son los peces.
proverbio suizo	Si de verdad quieres hablar, intenta por lo menos decir algo de lo que no tengas que arrepentirte.
proverbio griego	Si ganas plata hablando, gana oro callando.
proverbio latino	No existe el tiempo necesario para decirlo todo.
proverbio yugoslavo	Se puede sondear todo menos el silencio del hombre.
proverbio alemán	Quien honestamente sirve y calla, hace mucho.
proverbio francés	Quien controla su boca controla su alma.
proverbio turco	Una palabra lleva a otra.
proverbio judío	He crecido junto a los sabios y no he descubierto nada mejor que el silencio.
proverbio español	Escuchar, ver y callar, si no la vida se vuelve amarga.
proverbio italiano	Las paredes tienen oídos.
proverbio español	El silencio es el santuario de la prudencia.
proverbio alemán	Lo más sensato que se puede hacer hoy en día es callar.
Publilio Siro	Resulta doloroso tener que callar cuando se querría hablar.

Simpatía

Wolfgang Goethe	Toda atracción es intercambiable.
proverbio alemán	Todas las almas fuertes son parientes.
proverbio francés	Cuanto más gusta uno a todos, menos gusta de verdad.

Sinceridad

Pedro Arentino	Quien no se muestra amigo de vicios, se convierte en enemigo de los hombres.
proverbio árabe	Ser sinceros es la cosa más fácil.
proverbio portugués	La sinceridad viene del alma y se lee en el rostro de los sencillos.
George Bernard Shaw	Es peligroso ser sincero, a menos que no seas también un estúpido.
proverbio chino	Las palabras sinceras no gustan, las palabras suaves no son sinceras.

Soberbia

proverbio chino	El soberbio no destaca entre los hombres.
proverbio toscano	Cuando la soberbia galopa la vergüenza va encima.
proverbio árabe	Cuanto menos noble es el corazón más recta va la cabeza.
proverbio alemán	El soberbio es la vergüenza de la creación.
proverbio italiano	La soberbia fue a caballo y volvió a pie.

Sociedad

William Blackstone	El hombre fue creado para vivir en sociedad.
proverbio polaco	Mejor aquella sociedad con un solo miembro.
proverbio escocés	Asociarse es crearse enemigos.

Soledad

George Byron	En soledad es cuando estamos menos solos.
proverbio inglés	Ay de quien está solo, pues si cae no tiene a nadie que le ayude.
Ovidio	Si estás solo estarás triste.
Blaise Pascal	El egoísta odia la soledad.
proverbio francés	Un alma que se siente sola no canta y no llora.

Jean-Jacques Rousseau	Hombre, vive solo y no te sentirás desgraciado.
Friedrich von Schiller	En un naufragio se ayuda más fácilmente al que está solo.
Paul Sidney	No están nunca solos los que están acompañados de nobles pensamientos.
proverbio italiano	Mejor solos que mal acompañados.
proverbio latino	Uno es nadie.
proverbio italiano	El hombre sabio no está nunca solo.
proverbio negro	Una sola pulsera no tintinea.
proverbio eslavo	La unión hace la fuerza y la soledad hace el coraje.
proverbio noruego	Cuando estás solo contigo mismo no puedes mentir.
proverbio francés	Sólo los malos están siempre solos.
Aristóteles	El hombre solitario o es una bestia o es un dios.
Séneca	No estamos nunca solos. La soledad es para el espíritu lo que la dieta para el cuerpo.

Solidaridad

proverbio africano	Un solo dedo no puede coger un piojo.
proverbio africano	Si el ojo está enfermo debe sustituirlo la cabeza.
proverbio universal	Una mano lava la otra y las dos lavan la cara.
proverbio griego	Estamos todos sobre el mismo barco.
proverbio bantú	Un árbol se apoya en otro árbol, el hombre en otro hombre.
proverbio danés	Con tu vela puedes encender la de otro.
proverbio italiano	El Papa y un campesino juntos saben más que el Papa solo.

Sonrisa

proverbio turco	Un hombre sonriente se parece a un pistacho abierto.

proverbio francés	La sonrisa es un deber social.
proverbio francés	Una sonrisa es como un día de primavera.
proverbio chino	Sonríele a la vida y la vida te sonreirá.

Soñar

proverbio americano	Cuando soñamos estamos a punto de despertarnos.
proverbio chino	Creer en los sueños significa dormir toda la vida.
proverbio holandés	El que sueña con un vagón de oro, tendrá por lo menos un clavo.
proverbio ruso	El sueño nos acaricia más que nuestros padres.
proverbio húngaro	A menudo cerramos los ojos para ver más bellas las cosas.
proverbio francés	Los sueños mienten.
proverbio esquimal	Un sueño es como el amante más dulce: por la mañana ambos dejan la yacija.
proverbio italiano	No hay que confiar en los sueños.
proverbio canadiense	El sueño es la parte más intensa de la vida, aunque no se haga nada.

Sospecha

proverbio japonés	Si vuestro zapato está desatado, guardaos bien de agacharos para atarlo mientras atravesáis un huerto de melones: los que os ven podrían malinterpretaros.
proverbio chino	La sospecha es humana, en el cielo no hay falsedad.
proverbio inglés	Quien sospecha está bajo sospecha.
proverbio italiano	La sospecha es el veneno de la amistad.

Sueño

proverbio indio	El sueño es dulce para el hombre ocupado.

proverbio inglés	Una hora de sueño antes de medianoche vale más que tres horas después.
proverbio italiano	Quien duerme no pesca nada.
proverbio italiano	Zorro que duerme está siempre delgado.
proverbio latino	El sueño es pariente de la muerte.

Suerte

proverbio africano	Es mejor que combatas con la suerte que con el sable de la belleza.
proverbio alemán	La fortuna nos da un hermoso día de verano, pero también nos da los mosquitos.
proverbio latino	La fortuna es mujer y lo demuestra: en efecto no ama a los hombres superiores.
	Las personas afortunadas no se corrigen nunca.
Alfredo Panzini	La suerte es como el tahúr en el juego: deja ganar de vez en cuando, para atraer a los demás.
proverbio francés	El espíritu servil es un medio para hacer fortuna.
proverbio belga	No es cierto que se haya hecho una fortuna cuando no se sabe gozar de ella.
proverbio chino	La suerte adorna la casa del afortunado y es el refugio de los infelices.
proverbio chino	Las abejas pican a aquellos que lloran siempre. [Quien se queja siempre se encontrará mal.]
proverbio persa	La suerte avanza a pasos de tórtola y huye a pasos de gacela.
proverbio holandés	La fortuna gira: de uno hace un mendigo, de otro un rey.
proverbio chino	Quien está contento con lo suyo no tiene mala suerte.
proverbio africano	La suerte no es como un vestido que se pone y se quita.
Carlo Dossi	El último escalón de la mala suerte es el primero de la buena.

proverbio americano	Los hombres superficiales creen en la suerte y en las circunstancias. Los fuertes creen en las causas y en los efectos.
proverbio francés	Cuando la suerte te llegue, enciérrala en casa.
proverbio americano	Enriqueceos, a ser posible honestamente.
James S. Knowles	¿Qué mérito hay en caer sobre el monte de la fortuna? El honor consiste en subir a él.
Giacomo Leopardi	La suerte es una suerte para el mundo, y no su valía.
Nicolás Maquiavelo	El hombre firme demuestra que la suerte no tiene poder sobre él.
Marcial	La suerte, que a muchos les da demasiado, no da suficiente a nadie.
proverbio latino	La suerte sonríe a los tontos.
proverbio francés	La suerte vuelve loco a aquel que quiere perder.
proverbio chino	La suerte no da nada: no hace más que prestar.
proverbio latino	La suerte es de cristal: reluce, mas es frágil.
Salustio	Cada quien es artífice de su propia suerte.
proverbio italiano	La suerte nos puede arrebatar sólo aquello que nos ha concedido.
proverbio francés	Por lo general, la suerte se cobra muy caro aquello que creíamos que era un regalo.
proverbio japonés	Existe una puerta por la que puede entrar la buena o la mala suerte; pero de esa puerta tenéis la llave.
proverbio chino	Quien nace sin protección de los dioses, se romperá la nariz aunque caiga de espaldas.
proverbio iraní	La suerte no favorece a nadie sin hacerle pagar sus favores.
proverbio africano	Deséale buena suerte al prójimo para procurarte buena suerte.
proverbio español	La suerte se cansa de cargar siempre al mismo hombre sobre sus espaldas.
proverbio islámico	En los buenos tiempos la paloma incuba sus huevos sobre la punta de una estaca, en la adversidad el asno escupe al león.

proverbio chino	Nunca hay que decir que los dioses están de nuestra parte: pueden alejarse de nuestro lado derecho.
proverbio chino	Aquel que no disfruta de sus momentos felices no puede ser considerado afortunado.
proverbio chino	Las desgracias vienen en compañía, mientras que la suerte viene sola.
proverbio latino	El mundo es una rueda que nos hace girar.
proverbio milanés	Si va tiene piernas [es decir si se tiene suerte se consigue realizar cosas difíciles; o bien quien empieza bien está a medio camino].
proverbio veneciano	Quien se fía de la lotería no come ni crudo ni hecho. [Quien confía su suerte al juego de la lotería no comerá de ninguna manera.]

Suicidio

Massimo Bontempelli	El suicidio es el más inmoral de los delitos.
Alexandre Dumas, padre	El suicidio es el mayor de los delitos, porque es el único del que no podemos arrepentirnos.

Superstición

William Burke	La superstición es la religión de los espíritus débiles.
Arturo Graf	No hay superstición que no haya nacido de alguna necesidad.
proverbio americano	Tener prejuicios significa ser débil.
August von Platen	Allí donde ondea la bandera de la verdad, está siempre la superstición al acecho.
Herbert Spencer	Todos le gritamos al prejuicio; pero nadie está libre de él.

Talento

proverbio chino · El gran talento requiere mucho para madurar.

Tamaño

proverbio francés · El tamaño del hombre se mide en su frente.

proverbio francés · Los grandes bueyes no son los
mejores trabajadores.

proverbio italiano · Una mujer pequeña parece siempre casada.

proverbio alemán · Los árboles grandes dan más sombra que frutos.

proverbio inglés · Un vaso pequeño se calienta en seguida.

proverbio italiano · En la bota pequeña está el buen vino [es decir
las mejores cualidades se encuentran en las
personas más menudas y menos aparentes].

proverbio irlandés · Quien es demasiado alto no recoge toda
la cosecha.

proverbio francés · En las chimeneas pequeñas se hacen grandes fuegos.

Teatro

Todas las mujeres han nacido actrices, y todas saben
representar a la perfección el papel de ingenuas.

George Byron · Dramas y comedias no hacen a la humanidad ni
mejor ni peor.

Temor

proverbio italiano · Es más seguro ser temido que ser amado.
El temor de la guerra madura en cualquier tierra.

Tiempo

proverbio chino · El tiempo es como tu bolsa: no la pierdas y
tendrás suficiente.

proverbio chino	Para todo mal es necesario un médico: el tiempo.
Mme. Amiel-Lafayre	Los minutos son largos y los años son breves.
	El amor todo lo supera, el dinero todo lo obtiene, con la suerte todo se acaba, el tiempo todo lo devora.
	No se sabe nunca quien ganará en la guerra y en la lotería.
proverbio francés	No son malos tiempos, es malo el hombre.
William Burke	El gran educador, el tiempo.
proverbio americano	Los años nos enseñan muchas cosas que los días ignoran.
proverbio americano	Un momento puede hacernos infelices para siempre.
proverbio alemán	Los hombres son como los caracoles que con el buen tiempo salen de la concha y con el malo se esconden en ella.
proverbio francés	Todo pasa frente al tiempo, y nosotros creemos que es él el que pasa.
proverbio italiano	Sucede en un instante lo que no sucede en un año.
Lamennais	El tiempo puede tener un parto difícil pero no aborta nunca.
Henry Wadsworth Longfellow	El ayer y el hoy son las piedras con las que construimos.
proverbio francés	El hombre no hace nada sin el tiempo y el tiempo no hace nada sin el hombre.
proverbio americano	¿Qué mayor delito que la pérdida de tiempo?
Voltaire	El tiempo es un gentilhombre y pone cada cosa en su sitio.
sobre un reloj solar	La última hora está escondida.
sobre un reloj solar	Todas las horas hieren, y la última mata.
William Shakespeare	El placer y la actividad hacen pasar deprisa el tiempo.
proverbio francés	Cambios de tiempo, conversación de estúpidos.
proverbio inglés	Con el tiempo un ratón rompe una gúmena.

proverbio francés	Hay que dejar ir al mundo como va.
proverbio francés	Incluso el día más largo tiene un final.
proverbio inglés	Lo que se deja al tiempo es del tiempo.
proverbio francés	El tiempo y la marea no esperan a nadie.
Francesco Petrarca	El tiempo huye y no se detiene ni una hora.
proverbio chino	A la rana no le gusta que se sepa que fue renacuajo.
sobre un reloj solar en Suiza	No conoces tu hora.
proverbio chino	Ayer era una flor, hoy sólo es un sueño.
proverbio chino	Abominable es el hombre que hace mal uso de su tiempo.
proverbio chino	Tener tiempo libre conlleva muchas ventajas.
proverbio francés	El tiempo es un gran maestro y pone en su lugar muchas cosas.
proverbio italiano	El tiempo lo arregla todo.
	No dejes que el ayer consuma demasiado tiempo del hoy.
proverbio italiano	Quien tenga tiempo que no espere.
proverbio griego	El tiempo es el mejor consejero.
proverbio indio	No hay mano que pueda parar el tiempo.
proverbio camboyano	La barca pasa, la orilla queda.
proverbio alemán	Hoy por ti, mañana por mí.
proverbio español	El tiempo todo lo cura.

Tierra

proverbio universal	Buenas tierras, malas gentes.
proverbio francés	Tanto vale el hombre, tanto vale la tierra.
proverbio indio	La tierra y la mujer ceden a la fuerza, pero una vez liberadas pasan a otro.
proverbio francés	La tierra cubre los errores de los médicos.

Tiranía

proverbio francés	Los esclavos y los tiranos se dan miedo unos a otros.

William Burke	La esclavitud puede surgir en cualquierlugar. Es una planta que crece en todos los suelos.
proverbio judío	Los pastores serán brutales mientras las ovejas sean estúpidas.
proverbio alemán	Los dos mayores tiranos del mundo: el azar y el tiempo.
proverbio latino	La voluntad del tirano es su razón.
proverbio español	El tirano asusta al hombre y Dios asusta al tirano.
proverbio latino	Es más vergonzoso padecer la tiranía que ejercerla.
Jean-Baptiste Lacordaire	El despotismo no ha salvado nunca nada.
Montesquieu	Cuando se busca tanto el modo de ser temido, se encuentra siempre el de ser odiado.
Tomás Moro	La venganza contra el tirano es la cosa más dulce.
Publilio Siro	Quien es temido por muchos debe temer a muchos.

Titubeo

proverbio chino	Si tienes frío coge el camino más largo, te calentarás por el camino.

Todo

proverbio inglés	Si quieres a un árbol querrás a sus hojas.
proverbio italiano	Todos estamos hechos de la misma pasta.
proverbio universal	Seamos todos hermanos.
proverbio francés	Todos los hombres están forjados de la misma materia.
proverbio francés	Quien mucho aprieta poco abarca.
dicho latino	Todos los caminos llevan a Roma.
proverbio italiano	Todos los nudos van al peine.
proverbio chino	Todo llega para quien sabe esperar.

Tolerancia

Carlo Bini	La sabiduría humana consiste en tolerar.
proverbio chino	Tolera a tu prójimo y espera que él haga lo mismo.
William Burke	Existe un límite en el que la tolerancia deja de ser una virtud.
Giacomo Leopardi	Ninguna cualidad humana es más intolerable que la tolerancia.

Trabajo

Aristóteles	Se aprecia más aquello conseguido con fatiga.
Biblia	La vida de quien se basta a sí mismo y de quien trabaja es dulce.
Friedrich Bodenstedt	Antes de poseer algo hay que esforzarse; lo que se obtiene con facilidad, se pierde con ligereza.
proverbio americano	La mejor adoración es el trabajo serio.
	El ocio lleva a la vergüenza y a la necesidad; la diligencia en cambio conduce al honor y al pan.
Cicerón	El trabajo nos hace un callo en el dolor.
Ralph Waldo Emerson	El pensamiento es la semilla de la acción.
Gustave Flaubert	A fin de cuentas el trabajo sigue siendo la mejor manera de pasar la vida.
Wolfgang Goethe	Una buena noche se acerca si he trabajado todo el día.
Wolfgang Goethe	La actividad es lo que hace feliz al hombre.
Ben Jonson	Hay pocas cosas que la diligencia y la habilidad no consigan.
Emmanuel Kant	El hombre es el único animal que debe trabajar.
Theodor Korner	El descanso mata; sólo quien obra vive.
Jean-Baptiste Lacordaire	Donde no hay trabajo no hay placer.
proverbio inglés	El diablo es laborioso con su arado.
Francis Bacon	Un joven de años puede ser un viejo de horas si no ha perdido el tiempo.

proverbio inglés	Nada es imposible para la actividad.
Leonardo da Vinci	La vida aprovechada es larga.
proverbio alemán	Todo trabajo lleva consigo su misteriosa recompensa.
Tito Livio	Toda fatiga se hace más ligera con la costumbre.
Alfred de Musset	Días de trabajo, únicos días de vida.
Pitágoras	Dios le dio al hombre dos brazos para que no le molestara constantemente.
proverbio francés	De todos los medios que proporcionan una fortuna, los más seguros son la perseverancia y el trabajo.
Séneca	El que evita la fatiga no es un buen hombre.
proverbio americano	La actividad es el imán que atrae todas las cosas buenas.
Séneca	Un trabajo hecho con desgana no vale nada.
Virgilio	Un gran trabajo está detrás de todo.
proverbio inglés	Muchas manos hacen poco.
proverbio chino	Los dioses nos han dado dos piernas para que las utilicemos.
dicho italiano	Trabajar es crear, y crear es el único placer sólido del que el hombre puede disfrutar en esta tierra.
proverbio chino	Los dioses ayudan al hombre que no está echado.
proverbio chino	Retiraos cuando acabéis vuestro trabajo: ésta es la vida del cielo.
proverbio chino	Los dioses acaban siempre aquellas obras que empiezan bien.
proverbio chino	Cualquier obra humana es vana si no empieza con los auspicios de los dioses.
proverbio chino	El hombre encuentra en el trabajo su dignidad: la de colaborar con los dioses en las obras de la naturaleza.
proverbio chino	El trabajo es lo más hermoso del mundo; por ello hay que dejar un poco para el día siguiente.
Wolfgang Goethe	No basta saber, hay que llevar a la práctica; no basta querer, hay que hacer.

proverbio chino	Ningún hombre muere por exceso de trabajo.
proverbio chino	Intenta no ser lento al hablar. Serás lento en el trabajo.
proverbio chino	El hombre se deshonra al robar, pero no al trabajar.
Victor Hugo	El trabajo endulza la vida, pero no a todos les gustan los dulces.
proverbio chino	Si trabajas con el cerebro, descansa trabajando con las manos; al revés, descansa con el cerebro.
proverbio benedictino	Ora y trabaja.
proverbio milanés	La mala lavandera no encuentra nunca la piedra adecuada.
proverbio veneciano	Entre barqueros no se paga pasaje [indica la solidaridad entre personas de la misma profesión].
proverbio milanés	*Fà e disfà l'è tutt lavorà.** (Tanto hacer como deshacer es trabajo.)
proverbio napolitano	Insiste, la calabaza germinará. [A fuerza de insistir y perseverar, hasta el más inútil puede aprender una profesión.]
Biblia	Quien trabaja, trabaja para sí mismo.
proverbio estonio	Honran más los callos en las manos que los anillos.
proverbio kurdo	Deja para mañana una comida, pero no el trabajo.
proverbio francés	Dios detesta la mano perezosa.
proverbio francés	Con el trabajo se lleva a cabo todo.
proverbio alemán	La voluntad es el alma del trabajo.
proverbio alemán	Si estoy parado me oxido.
proverbio alemán	No puedes aplacar tu hambre mirando como trabajan los demás.
proverbio inglés	No hacer nada conduce a hacer el mal.
proverbio colombiano	Nada es malo para quien trabaja.
proverbio español	El trabajo es sagrado: no lo toques.
proverbio español	El trabajo es tan malo, que hasta pagan por hacerlo.
proverbio holandés	Con trabajo se saca fuego hasta de una piedra.

* En milanés en el original. (N. de la T.)

proverbio francés	El trabajo es un olvido activo que le conviene al alma fuerte.
Voltaire	Trabajemos sin razonar: es la única forma de soportar la vida.
proverbio véneto	Se gana el pan hasta el perro meneando la cola.

Tradición

proverbio turco	Sigue al jefe aunque sea viejo; sigue la pista aunque esté en una curva.
proverbio griego	La tradición gobierna el mundo.
proverbio africano	La casa paterna de un hombre está en su bolsillo. Cuando este resulta pesado, construye su casa.

Traducción

proverbio italiano	Traductor, traidor.
Claude Bertrand	Las traducciones se parecen a las mujeres: si son fieles no son bonitas y si son bonitas no son fieles.
proverbio inglés	La traducción no es más que el reverso del original.

Traición

proverbio chino	Gozar de besos y abrazos a escondidas y en perjuicio de los demás, es como comer en secreto la fruta del huerto del vecino.
proverbio italiano	Pastor que se jacta de su amistad con el lobo no quiere a las ovejas.
proverbio italiano	Traición gusta, traidor nunca.
proverbio americano	La traición nunca tiene éxito, porque cuando lo tiene se llama de otra forma.
proverbio chino	Es fácil esquivar la lanza, pero no la espada escondida.

Ultratumba

Anatole France — La mayor parte de los hombres que no saben qué hacer en esta vida desean otra que no termine.

Hugo Tarchetti — Los grandes hombres no pueden dudar de una existencia futura, porque sienten en sí mismos la inmortalidad.

Unión

John Dickinson — Permaneciendo unidos nos mantenemos en pie, dividiéndonos caemos.

La Fontaine — Toda fuerza es débil si no está unida.

Georg Rollenhagen — En paz y en guerra la concordia conduce a la victoria.

proverbio chino — Un trozo de madera encendida, separada de las demás, se apaga en seguida.

Universo

Friedrich von Schiller — Nada en el mundo es insignificante.

proverbio inglés — Todos somos parte de una prodigiosa unidad.

proverbio americano — Soy una parte de todo lo que he encontrado.

Utilidad

proverbio malayo — Las semillas que se tiran al lago no germinan.

proverbio toscano — Majando agua en el mortero no se obtiene vino [es decir, que el vino se obtiene sólo de la uva y majar agua es una acción de tontos].

proverbio italiano — No pongas el carro delante de los bueyes.

proverbio árabe — No sirve de nada cerrar el recinto cuando se han escapado los caballos.

Cualquier discrepancia se resuelve, todas las cosas tienen su lado útil y agradable. Con frecuencia, esto permanece oculto a la mente limitada.

Vanidad

proverbio americano	La vanidad, al igual que un delito, se descubre.
Wolfgang Goethe	Colócate si quieres sobre otro par de zuecos, mas sé siempre lo que eres.
proverbio alemán	El cubo vacío siempre flota.
proverbio francés	Un hombre lleno de sí mismo está siempre vacío.
proverbio francés	La presunción no excluye el ingenio pero lo compromete.
proverbio chino	Todos los hombres son esclavos de la vanidad.
La Rochefoucauld	La virtud no haría tanto camino si la vanidad no la acompañase.
proverbio chino	El que se exhibe no es luminoso.
proverbio español	Huye de los vanidosos como de la lepra.
proverbio chino	El vanidoso no se gana la confianza.
proverbio véneto	Dando y hablando de sí mismo se pierde el mérito.
proverbio inglés	Muchos que no han tirado en su vida una flecha no hacen más que hablar de Robin [es decir, alardean de experiencias, como las de Robin Hood, que no tienen].
proverbio árabe	La piscina que no tiene agua quiere tener peces.
proverbio italiano	El aceite de oliva queda en la superficie del agua [es como decir que quien se da demasiados aires no cuaja].
proverbio holandés	Los mejores pilotos permanecen en tierra.
proverbio holandés	Quien mucho alardea poco actúa.
proverbio milanés	El gallo hermoso, por lo general está delgado. [El que es demasiado arrogante por lo general es pobre.]

proverbio inglés	Alardea cesta, que el mango está roto.
proverbio inglés	Si un hombre tiene un elevado concepto de sí mismo, podemos estar seguros de que es el único concepto que ha tenido en su vida.

Vejez

Honoré de Balzac	El viejo es un hombre que ha comido y mira a los demás comer.
La Rochefoucauld	Los defectos del alma aumentan al envejecer, igual que los del rostro.
proverbio italiano	La noche muestra lo que ha sido el día.
proverbio toscano	Abandonad el mundo antes de que os abandone [es decir, abandonad las veleidades mundanas cuando no están en consonancia con la edad, preparándoos para la muerte].
proverbio toscano	El viejo que se cuida cien años dura.
proverbio toscano	De viejos no se pasa.
	Si los viejos no tuviesen experiencia, ¿qué tendrían?
Alexandre Dumas, hijo	La vejez no se podría soportar sin un ideal o un vicio.
proverbio véneto	El pelo se pierde, la calvicie nunca.
Gustave Flaubert	Al envejecer las costumbres se vuelven tiranas.
proverbio italiano	El viejo querría rejuvenecer, pero todo lo que consigue es enniñecer.
proverbio véneto	El sol se pone y salen los años.
Victor Hugo	Los viejos necesitan del afecto como del sol.
proverbio italiano	Quien tiene años tiene achaques.
La Rochefoucauld	Pocos saben ser viejos.
proverbio inglés	El hombre más viejo que vivió acabó muriendo.
proverbio italiano	La vejez es una enfermedad incurable.
Georg Lichtenberg	Nada nos hace más viejos que pensar continuamente en envejecer.
proverbio italiano	Red nueva no atrapa pájaro viejo.

proverbio alemán	La vejez llega sin ser invitada.
proverbio español	Quien quiere ser viejo por mucho tiempo tiene que empezar a serlo pronto.
Mme. Swetchine	Los años no hacen sabios, hacen viejos.
proverbio toscano	La sabiduría no está en la barba: los pelos no piensan.
proverbio toscano	Cada quien tiene la vejez que se prepara.
proverbio chino	La vejez no es motivo de arrepentimiento para el hombre; arrepentido debe estar el que siendo viejo no ha vivido.
proverbio africano	Un buscador de momias se convierte en momia.
proverbio chino	De jóvenes somos hombres, de viejos niños.
proverbio latino	Nadie es tan viejo como para pensar que no puede vivir otro año más.
proverbio francés	Cien años no son tantos como se cree.
proverbio francés	El amor es un bien para los jóvenes y una deshonra para los viejos.
proverbio inglés	Los viejos son niños dos veces.
proverbio milanés	Cuando el cuerpo envejece el alma se arregla.
proverbio toscano	Calabazas y melones en su estación [es decir: cada cosa a su tiempo].

Venganza

George Byron	La venganza es dulce, sobre todo para las mujeres.
Francis Bacon	La venganza es una especie de justicia salvaje.
proverbio francés	Nos vengamos de una vileza cometiendo otra.
Thomas Wilson	Cuesta más vengar los agravios que soportarlos.

proverbio chino	Quien se venga encontrará la venganza de los dioses.
Marco Aurelio	La mejor forma de vengarse de una injuria es no parecerse a quien la ha hecho.
proverbio chino	La mejor forma de vengarse de un malvado es no parecerse a él.
proverbio italiano	La venganza es un plato que se toma frío.

Verano

proverbio chino	Quien se ha cansado bajo el sol del verano, que se guarde del sol del invierno y se caliente al calor de la chimenea.
proverbio italiano	El verano es la madre de los pobres.

Verdad

Francis Bacon	¿La verdad es siempre estéril?
Philip Chesterfield	Todos los hombres buscan la verdad; pero sólo Dios la ha encontrado.
Confucio	El que por la mañana conoció la verdad, puede morir por la noche.
Aulo Gellio	La verdad es hija del tiempo.
San Juan	Y los hombres aman más las tinieblas que la luz.
proverbio francés	El hombre recurre a la verdad sólo cuando anda corto de mentiras.
proverbio ruso	Decir la verdad es como escribir bien, se aprende practicando.
Claude-Adrien Helvetius	La verdad es una antorcha que reluce en la niebla sin disiparla.
Daniel Webster	Nada hay más poderoso que la verdad: y a menudo nada más extraño.

proverbio chino	No enciendas un fuego falso frente a un dios verdadero.
proverbio chino	Cuando el hombre ha agotado las mentiras, encuentra la verdad en el nuevo saco.
proverbio francés	Sólo tres tipos de personas dicen la verdad: los niños, los locos y los borrachos.
	La verdad es de un solo color.
Francis Bacon	La verdad es hija del tiempo y no de la autoridad.
Abbé Serge	Lo verosímil es el mayor enemigo de la verdad.
Tagore	Si cerráis la puerta a todos los errores, la verdad se quedará fuera.
Robert Browning	Hay algo de verdad en la falsedad y algo de falsedad en la verdad.
Confucio	Lo que es cierto dentro de nosotros, será patente fuera.
Plinio el Viejo	La embriaguez nos hace ser sinceros.
proverbio chino	No creas en el llanto de un heredero, muy a menudo no es más que una risa disimulada.
Voltaire	Toda verdad, como todo mérito, tiene en su contra a sus contemporáneos.

Viajes

Paul Morand	Partir es vencer una lid contra la costumbre.
Horacio	Quien va más allá de los mares cambia de cielo pero no de ánimo.
Séneca	Es mayor el deseo de conocer cosas ignotas que el de ver de nuevo las conocidas.
Victor Hugo	Viajar es nacer y morir en cada momento.

Vicio

Jean de la Bruyère	No hay vicio que no tenga una falsa semejanza con alguna virtud y no se aproveche de ello.
proverbio francés	Se empieza por avergonzarse de un vicio y se acaba alardeando de él.
proverbio danés	Quien se vanagloria de un vicio lo hace de todos.
proverbio italiano	Vicio no castigado crece desatado.
Shakerley Maimion	Los vicios de los grandes se consideran virtudes.
Sidney Smith	La verdadera forma de atacar un vicio es contrarrestarlo con alguna otra cosa.

Vida

Aristóteles	Vivir bien es mejor que vivir.
proverbio inglés	La vida es un montón de pequeñas cosas.
Victor Hugo	Sólo viven los que luchan.
Leonardo da Vinci	Quien no aprecia la vida no la merece.
proverbio francés	Nuestra vida es un río que desemboca en el mar.
Napoleón	La vida es un sueño ligero que se desvanece.
proverbio alemán	La vida es un deber a cumplir.
Mme. Swetchine	En el fondo en la vida no hay más que lo que en ella ponemos.
Tagore	La vida no es más que la continua maravilla de existir.
Oscar Wilde	Únicamente el arte conoce el secreto de la vida.
proverbio chino	Vive de forma que no hagas daño a nadie, he aquí la aspiración suprema.

proverbio chino	La confianza en la vida se encuentra cuando el espíritu se siente profundamente tranquilo.
proverbio alemán	Nada resulta más difícil que vivir con sencillez.
Adalbert von Chamisso	El presente es falso, la vida miente.
proverbio francés	La vida es un trabajo que hay que hacer de pie.
León Tolstoi	Sólo es posible vivir hasta que se está ebrio de la vida.
proverbio florentino	Vencer no es vergonzoso.
proverbio chino	La flor caída no vuelve a la planta.
Carlo Dossi	Media vida es deseo, media insatisfacción.
proverbio francés	La vida es una sorpresa continua.
Oscar Wilde	A menudo la vida real es la que no se lleva.

Vino

dicho italiano	El vino hace buena sangre.
proverbio español	Inflama más la comida que las musas.
proverbio alemán	Más de uno conservaría sus bienes si hubiese sabido que el agua también apaga la sed.
proverbio inglés	Los que beben mucho no le encuentran el gusto.
Gottfried August Bürger	El buen vino es aceite puro para la lámpara del intelecto.
William Shakespeare	El buen vino, con mesura, es una jovial criatura.

Violencia

proverbio inglés	La fuerza no es un remedio.
Victor Hugo	Nada es más estúpido que vencer; la verdadera gloria consiste en convencer.

| proverbio chino | El hombre que ama la violencia morirá violentamente. |
| Alessandro Manzoni | Una vida entera de méritos no basta para cubrir un acto violento. |

Virtud

proverbio belga	La virtud desaparece apenas se desea que aparezca.
Confucio	Únicamente el hombre virtuoso sabe amar y odiar.
Napoleón	Quien practica la virtud con la única esperanza de conquistar fama, está próximo al vicio.
Antoine Rivarol	Desgraciadamente hay virtudes que sólo los ricos pueden ejercer.
proverbio inglés	Toda virtud está siempre entre dos vicios.
La Rouchefocauld	Nuestras virtudes son a menudo vicios disfrazados.
proverbio americano	La virtud en sí es un premio.
Lucano	La virtud es tanto más dulce cuanto más nos ha costado.

Voluntad

Pierre de Bourdeille de Brantôme	No hay virtud ni victoria más hermosa que la de saber controlarse y vencerse a sí mismos.
Novalis	Querer es poder.
Friedrich von Schiller	La voluntad es la que hace grande o pequeño al hombre.
Ovidio	Aunque las fuerzas flaqueen, la buena voluntad merece una alabanza.
Julius Grosse	Nuestra suerte está en nuestra voluntad.

Índice temático

www.ingramcontent.com/pod-product-compliance
Lightning Source LLC
Chambersburg PA
CBHW080131270326
41926CB00021B/4441